Otto Betz

Der Prozess Jesu
im Licht jüdischer Quellen

Herausgegeben von Rainer Riesner

Biblische Archäologie und Zeitgeschichte, Band 13
herausgegeben von Rainer Riesner

2., erweiterte Auflage 2007

© 2007 Brunnen Verlag Gießen
Der Hauptteil erschien 1982 in dem Werk
„Aufstieg und Niedergang der römischen Welt" (ANRW),
bei Walter de Gruyter, Berlin / New York
Teil II: Principat, Band 25,1 (S. 565-647)
Umschlagfoto: „Ecce Homo" von Antonio Ciseri (1821-1891)
Umschlaggestaltung: Ralf Simon
Herstellung: St.-Johannis-Druckerei, Lahr
ISBN 978-3-7655-9813-5

Inhalt

Einführung (Rainer Riesner) — 5

I. Die Frage der Verantwortung: Juden oder Römer? — 8

II. Rabbinische Retrospektive: Jesus als Verführer vor dem jüdischen Gericht — 12
1. Das Datum der Hinrichtung — 14
2. Die Sorgfalt des Verhörs — 15
3. Die Todesstrafe — 16
4. Das Vergehen Jesu — 17

III. Flavius Josephus: Jesus und die frühjüdische Prophetie — 22
1. Das ‚Testimonium Flavianum' über Jesus — 22
2. Der Rat des Gamaliel und Deuteronomium 18,15-22 — 26
3. Die falschen Propheten nach Josephus: Deuteronomium Kapitel 13 und 18 als Kriterien — 27
4. Die wahren Propheten nach Josephus: Ihr Schicksal und die göttliche Gerechtigkeit — 30
5. Das Charisma Jesu: Der messianische Dienst — 35
6. Die Reaktion der jüdischen Behörde — 36

IV. Flavius Josephus und Johannes: Prinzipien der sadduzäischen Politik, Theologie und Gerichtsbarkeit — 38
1. Der Rat der Kaiphas: Johannes 11,49-50 — 38
2. Das Opfer eines Menschen für Tempel und Volk — 40
3. „Heilsgeschichtliche Prophetie" — 43

V. Die Schriftrollen von Qumran: Das Aufhängen am Holz (= Kreuzigen) als Strafe für den Verrat am Gottesvolk — 45
1. Die Bedeutung der Schriftrollen von Qumran — 45
2. Das Problem der Kreuzigung — 47
3. Das Aufhängen lebender Menschen: Deuteronomium 21,22f. in der Tempelrolle von Qumran — 48
4. Der Gottesfluch der Aufgehängten: Deuteronomium 21,23 — 50
5. Das Kreuz Jesu als Zeichen des Gottesfluches — 52

VI. Die Evangelien des Neuen Testaments: Markus Kap. 14 und 15   55
   1. Die Frage nach der gerichtlichen Verantwortung
      und der Schuld Jesu   55
   2. Die Leidensgeschichte im Lichte der Literarkritik   56
   3. Die traditionsgeschichtliche Auslegung: Die Einheit von
      Markus 14,55-65.   67
   4. Das Gericht des Pilatus und die jüdische Justiz   82
   5. Jesu messianisches Bekenntnis vor Pilatus: Markus 15,2   85

VII. Nachwort   86

VIII. Zusammenfassung: Die Tempelrolle und der Prozess Jesu   90

Anhang 1: Jerusalem in neutestamentlicher Zeit   100
Anhang 2: Neuere Literatur zum Prozess Jesu (Rainer Riesner)   101

Autorenregister   111
Namen- und Sachregister   113
Stellenregister   117

Einführung

Otto Betz vereinte in seiner Person die Frömmigkeit des schwäbischen Pietismus mit der großen wissenschaftlichen Tradition des Tübinger „Evangelischen Stifts". Eine gründliche humanistische Ausbildung machte ihn zu einem souveränen Philologen im Dienst der Bibelauslegung. Aber sein Weg in die Wissenschaft war nicht leicht. Für den Angehörigen des Jahrgangs 1917 folgten auf drei Jahre Arbeits- und Wehrdienst sechs Jahre Kriegseinsatz und drei Jahre russische Gefangenschaft. Erst dann konnte Otto Betz mit dem Theologiestudium an der Universität Tübingen beginnen. Er zählte zu den ersten Mitarbeitern des von seinem Lehrer Otto Michel in Tübingen begründeten „Institutum Judaicum". An der von Otto Michel und Otto Bauernfeind verantworteten kritischen Ausgabe „Flavius Josephus: De Bello Judaico – Der Jüdische Krieg. Griechisch und Deutsch I-III" (München 1959-1969) hatte Otto Betz wesentlichen Anteil. Mit seiner Dissertation (Offenbarung und Schriftforschung in der Qumransekte, Tübingen 1961) und seiner Habilitation (Der Paraklet, Leiden / Köln 1963) wurde er zu einem der Pioniere bei der Erforschung der essenischen Schriften von Qumran und ihrer Auswertung für das Verständnis des Neuen Testaments. Nach einer Zeit als Professor am Chicago Theological Seminary (1962-1968), wo er aktiv an der amerikanischen Bürgerrechtsbewegung für die Gleichberechtigung der Farbigen teilnahm, erhielt er den Ruf auf eine neutestamentliche Professur in Tübingen (1968-1983). Hier wurde das Haus in der Rappenberghalde dann zu einer Anlaufstelle für Doktoranden aus dem englischsprachigen und zuletzt vor allem aus dem ostasiatischen Raum. Während Otto Betz die Nachwuchswissenschaftler in exegetisches Arbeiten einführte, verhalf seine Frau Isolde vielen von ihnen zu ersten lateinischen und griechischen Sprachkenntnissen. Bis in das Jahr seines Todes 2005 war Otto Betz vielen ein wissenschaftlicher und seelsorgerlicher Helfer.

Einen Kontrapunkt zur historischen Skepsis der lange tonangebenden Schule von Rudolf Bultmann setzte Otto Betz mit seinem Buch „Was wissen wir von Jesus?" (Stuttgart 1965; Wuppertal 3. Aufl. 1999). Am Ende seines Lebens beschäftigte Otto Betz dann immer stärker die jüdische Kabbala (mystische Bibeldeutung), wobei er in diesem Zusammenhang auch auf die positive Haltung von Vertretern des Frühpietismus wie Friedrich Christoph Oetinger gegenüber dem Judentum hinwies. Zusammen mit seiner Frau verfasste Otto Betz ein großes Werk „„Licht vom unerschaffnen Lichte'. Die kabbalistische Lehrtafel der Prinzessin Antonia" (Metzingen 2. Aufl. 2000). Dieses Kunstwerk, das ein erstaunliches Zeugnis einer geistigen Begegnung von Judentum und Pietismus darstellt, kann man noch heute in der evangelischen Kirche von Bad Teinach im Nordschwarzwald besichtigen. Eine Summe der wissenschaftlichen Arbeit von Otto Betz liegt in zwei großen Sammelbänden vor: „Jesus der Messias Israels" und „Jesus der Herr der Kirche" (Aufsätze zur Biblischen Theologie I/II, Wissenschaftliche Untersuchungen zum Neuen

Testament 42 und 52, Tübingen 1987, 1990). Die Herausgabe eines dritten Bandes wird von Dozent Dr. Werner Grimm (Stuttgart), der bis zum Tod von Otto Betz im Mai 2005 in enger Arbeitsgemeinschaft mit ihm stand, zusammen mit mir für dieselbe Reihe vorbereitet. Professor Martin Hengel, selbst einer der herausragendsten Erforscher des Frühjudentums, hat die manchmal verkannte Bedeutung seines Freundes für die Evangelisch-theologische Fakultät der Eberhard-Karls-Universität Tübingen so gewürdigt: „Grundlage seiner Arbeit war einerseits die erstaunliche Kenntnis moderner, antiker und orientalischer Sprachen und damit verbunden ein Sensorium für die historischen Realitäten, andererseits aber auch eine biblisch begründete Theologie in der Verantwortung gegenüber der Kirche, deren Pfarrer er ausbildete. Er hat auf diese Weise eine ganze Generation von Studierenden mit geprägt und sie ermutigt, in einer Zeit voller Anfechtungen die Heilige Schrift überzeugend auszulegen" (Idea 69/2005, VI).

Der hier wieder veröffentlichte Beitrag von Otto Betz erschien unter dem Titel „Probleme des Prozesses Jesu" im Teilband 25/1 „Religion (Vorkonstantinisches Christentum: Leben und Umwelt Jesu; Neues Testament [Kanonische Schriften und Apokryphen])" des renommierten Sammelwerkes „Aufstieg und Niedergang der römischen Welt. Geschichte und Kultur Roms im Spiegel der neueren Forschung II: Principat" (Berlin – New York 1982, 565-647), das von Hildegard Temporini und Wolfgang Haase herausgegeben wurde. Der Artikel verbindet in gewisser Weise Tübinger und Dortmunder Universitätsgeschichte. Zusammen mit meinem jetzigen Dortmunder alttestamentlichen Kollegen Thomas Pola gehörte ich zum äußerst überschaubaren Teilnehmerkreis eines Oberseminars, in dem wir 1976 auf schlechten Fotokopien, die Otto Betz aus Jerusalem besorgt hatte, Texte aus der damals noch nicht publizierten Tempelrolle von Qumran lasen, die sich u. a. auf die Kreuzigungsstrafe bezogen. Thomas Pola hat dann auch umfangreiche Redaktionsarbeiten bei der Abfassung des Artikels von Otto Betz geleistet. Da sich die Publikation des Sammelbandes um mehrere Jahre verzögerte, erschien zuvor das Werk eines anderen meiner Lehrer im Neuen Testament, August Strobel (früher Kirchliche Augustana-Hochschule, Neuendettelsau, †2006) „Die Stunde der Wahrheit. Untersuchungen zum Strafverfahren gegen Jesus" (Wissenschaftliche Untersuchungen zum Neuen Testament 21, Tübingen 1980). Unabhängig voneinander kamen beide Forscher zu einer deutlich positiveren Beurteilung des Geschichtswertes der Evangelienberichte (einschließlich Johannes) über den Prozess Jesu, als das lange Zeit üblich war. Otto Betz konnte wenigstens noch in einem Nachwort viele Übereinstimmungen und einige Unterschiede zwischen beiden Veröffentlichungen würdigen (S. 86 – 89). Besonders kritisch setzte sich Otto Betz mit dem einflussreichen Buch des deutsch-jüdischen Gelehrten Paul Winter „On the Trial of Jesus" (Berlin 1961, 2. Aufl. 1974) auseinander. Es war typisch für Otto Betz, dass er sich vorher trotzdem energisch für eine amerikanische Ausgabe verwendet hatte, wie ein in geradezu freundschaftlichem Ton gehaltener Briefwechsel mit Winter bezeugt.

EINFÜHRUNG

Die Arbeit von Otto Betz wurde sowohl ein Gegenstand von ungerechtfertigter Kritik (W. Reinbold, Der älteste Bericht über den Tod Jesu, Berlin / New York 1994, 256) als auch von hohem Lob. So urteilte der Jurist Christoph Paulus: „Eine ausgewogene, weil sachliche Darstellung wie die von Otto Betz wirkt wohltuend, ist aber selten" (Zeitschrift der Savigny-Stiftung für Rechtsgeschichte 105, 1985, 437). Die Veröffentlichung von Otto Betz wurde Ausgangspunkt für eine weiterführende Untersuchung zum Grund der Verurteilung Jesu durch den amerikanischen Neutestamentler Darrel L. Bock (Blasphemy and Exaltation in Judaism and the Final Examination of Jesus, Tübingen 1998). Auch deshalb ist es wichtig, dass der Beitrag von Otto Betz einem weiteren Leserkreis zugänglich gemacht wird. Das gilt umso mehr, als ein Buch von John D. Crossan mit dem Titel „Wer tötete Jesus? Die Ursprünge des christlichen Antisemitismus in den Evangelien" (München 1999) unverdient große Aufmerksamkeit erregt hat. In der vorliegenden Neuausgabe der Darstellung von Otto Betz sind einige wenige Berichtigungen nach seinem Korrekturexemplar vorgenommen worden. Als Schlussabschnitt wurde die deutsche Übersetzung eines Artikels von ihm (The Temple Scroll and the Trial of Jesus, Southwestern Journal of Theology 30/3, 1988, 4-8) abgedruckt (S. 90-99). Man kann auch zuerst diese prägnante Zusammenfassung des Standpunktes von Otto Betz lesen, um in die nicht ganz einfache Problematik hineinzukommen. Der Anhang enthält einen Stadtplan des neutestamentlichen Jerusalem sowie eine ausgewählte und kurz kommentierte Liste neuerer Veröffentlichungen zum Prozess Jesu, die Interessierten die Weiterarbeit erlauben soll (S. 100-110). Bei der Literaturbeschaffung und den Korrekturen halfen stud. theol. Rouven Genz und theol. Emmanuel Rehfeld Mag. sowie bei den Registern stud. phil. Michael Waschhof. Dem Verlag Walter de Gruyter (Berlin / New York) ist für die Abdruckerlaubnis zu danken, dem Brunnen Verlag (Gießen) für die Bereitschaft, den Beitrag als eigenständige Publikation herauszubringen. Damit erfüllen beide Verlage einen Wunsch, den Otto Betz noch auf dem Sterbebett geäußert hat. Durch diese Veröffentlichung kann seine unverwechselbare Stimme in der nach wie vor heftigen Debatte über einen Jahrtausendprozess weiter Gehör finden.

Dortmund, in der Passionszeit 2007 *Rainer Riesner*

Otto Betz

Der Prozess Jesu
im Licht jüdischer Quellen

I. Die Frage der Verantwortung: Juden oder Römer?

Das von christlichen und jüdischen Forschern leidenschaftlich betriebene Unternehmen, den Hintergrund und Hergang des Prozesses Jesu aufzuhellen, hat eine relativ kurze, aber recht bewegte Geschichte[1], die vor rund zweihundert Jahren begann und im 19. Jhdt. eine erste Blüte erreichte, zwischen den beiden Weltkriegen – vor allem bei uns in Deutschland – an Bedeutung verlor und heute, unter dem Eindruck von Auschwitz, eine vorher nie geahnte Aktualität erhalten hat. Vom Geist der Aufklärung und des Historismus geführt, hatten die ersten Forscher die Wahrheit der Fakten zum Ziel: Sie wollten wissen, wie es wirklich gewesen war. Diese Suche nach dem historischen Hergang war aber auch vom Interesse bestimmt, das gespannte Verhältnis zwischen Kirche und Synagoge zu ändern und die Rolle der Juden im Prozeß Jesu klarer zu sehen; auf jüdischer Seite hat man sogar daran gedacht, diesen Prozeß noch einmal aufzurollen[2]. Im Laufe der Zeit haben sich dabei die

---

[1] Zur Darstellung dieser Geschichte vgl. A. SCHWEITZER, Geschichte der Leben-Jesu-Forschung, Tübingen 5. Aufl. 1933 (Tübingen 1. Aufl. 1906); G. LINDESKOG, Die Jesusfrage im neuzeitlichen Judentum. Ein Beitrag zur Geschichte der Leben-Jesu-Forschung (Arbeiten und Mitteilungen aus dem Neutestamentlichen Seminar zu Uppsala 8), Uppsala 1938, Neudruck Darmstadt 1974. Speziell zum Prozeß Jesu: J. BLINZLER, Der Prozeß Jesu, Regensburg 4. Aufl. 1969 (Stuttgart 1. Aufl. 1951); D. R. CATCHPOLE, The Trial of Jesus. A Study in the Gospels and Jewish Historiography from 1770 to the Present Day (Studia Post-Biblica 18), Leiden 1971.
[2] H. E. GOLDIN, The Case of the Nazarene Re-opened, New York 1948.

Fronten verkehrt: Während die ersten jüdischen Autoren gleichsam in einer Art von Abwehrhaltung schrieben und den Prozeß Jesu vom Makel der Rechtsbeugung zu reinigen suchten[3], ist heute eher die christliche Seite in Bedrängnis geraten; ja, man hat bereits die Befürchtung geäußert, wer mit historischen Argumenten eine jüdische Beteiligung an diesem Geschehen behaupte, setze sich dem Vorwurf des Antisemitismus aus[4]. Bereits überholt zu sein scheint der Satz aus der Judenerklärung des Zweiten Vatikanischen Konzils, den J. BLINZLER in der 4. Auflage seines großen Werkes über den Prozeß Jesu zitierte und gleichsam als kirchliche Bestätigung seiner Hauptthese sah: „*Etsi auctoritates Judaeorum cum suis asseclis mortem Christi urserunt, tamen ea quae in passione Eius perpetrata sunt nec omnibus indistincte Iudaeis tunc viventibus nec Iudaeis hodiernis imputari possunt*"[5]. Die Wahrheit des historisch gemeinten Vordersatzes, um die es BLINZLER ging, wird nämlich in der Gegenwart vielfach bezweifelt: Stimmt es denn, daß die jüdischen Behörden damals auf den Tod Jesu drängten, haben sie ihn nicht eher zu retten versucht?[6] Und waren sie überhaupt am Prozeß Jesu beteiligt, wurde dieser nicht vom Präfekten Pilatus verurteilt und hingerichtet, wie schon die römische Todesstrafe der Kreuzigung zeigt? Müßten diese Fragen mit „ja" beantwortet werden, so ginge die gut gemeinte Konzilserklärung von falschen historischen Tatsachen aus und wäre deshalb weitgehend gegenstandslos. Ja, die Angeklagten von gestern sind heute zu Anklägern des Christentums geworden. Denn das Kreuz auf Golgatha verblaßt im grellen Licht dessen, was in Auschwitz geschah; der den Juden bislang gemachte Vorwurf des „Gottesmords" fällt im Bewußtsein des modernen Menschen weit weniger ins Gewicht als der antisemitische Völkermord, der ohne die jahrhundertelange Judenfeindschaft der Christen nicht möglich gewesen sein soll. Der jüdische Autor P. WINTER hat sein Buch 'On the Trial of Jesus'[7] den Opfern von Auschwitz, Isbica, Majdanek und Treblinka gewidmet und ihr Schicksal mit der Passionsgeschichte der Evangelien verknüpft: "*Never spoken when Jesus was tried, the words 'His blood upon us and upon our children!' have come true — a thousand times*"[8]. Dabei bekennt sich WINTER auf eine bewegende

---

[3] J. M. JOST, Geschichte der Israeliten, Berlin 1820; J. SALVADOR, Histoire des Institutions de Moïse et du Peuple Hébreux, Paris 1828; DERS., Jésus Christ et sa doctrine II, Paris 1839, S. 520–570.

[4] D. R. CATCHPOLE, a. a. O. S. XI–XII. Vgl. dazu auch die Diskussion um die Interpretation des Paulus zwischen H. GOLLWITZER und G. KLEIN; dazu meinen Aufsatz: Die heilsgeschichtliche Rolle Israels bei Paulus, Theologische Beiträge 9 (1978), S. 1–21, bes. S. 1f.

[5] BLINZLER, a. a. O. S. 7. Vgl. F. BOVON: « La mort de Jésus est à l'origine de deux mouvements . . . le christianisme et l' antisémitisme » (Les derniers jours de Jésus, Neuchâtel 1974, S. 9).

[6] Das Letztere meint CH. H. COHN, Reflections on the Trial and Death of Jesus, The Israel Law Review 180/68 (Jerusalem 1967), S. 21f. Vgl. dazu die Kritik von D. FLUSSER: משפטו ומותו של ישו הנצרי (*Mišpaṭô ûmôtô šael Ješû hānnāṣrî*, Der Prozeß und Tod Jesu von Nazareth), in: יהדות ומקורות הנצרות (*Jahadût ûmᵉqôrôt hānāṣrût*), Jerusalem 1979, S. 120–149.

[7] (Studia Judaica 1), Berlin 1961.

[8] A. a. O. S. 149. J. CARMICHAEL sagt vergröbernd und sachlich unrichtig: „Es ist eine Ironie, wenn man bedenkt, daß dieser Satz, der zu allen Zeiten soviel Gemetzel veranlaßte, ledig-

Weise zu Jesus. Er gilt ihm nicht etwa als ein falscher Prophet und Verführer, sondern als ein echter Sohn Israels, der ohne triftigen Grund von den Römern gekreuzigt und ebenso grundlos von den Christen zum Sohn Gottes gemacht worden ist[9]. Geändert hat sich ferner der Gebrauch der Quellen, die für die Darstellung des Prozesses Jesu maßgebend sind: Hatten anfangs auf jüdischer Seite die in Tosefta und Talmud verstreuten Notizen über den Nazarener die Beurteilung Jesu und seines Todes mitbestimmt[10], so rückten ab der Mitte des 19. Jhdts. die nichtjüdischen Quellen, das Neue Testament und Tacitus, in den Vordergrund; das rabbinische Material wurde als spät und polemisch, als „einzelne, fabelhafte Sätze" abgelehnt[11]. Im 20. Jhdt. wurde dann auch der historische Wert der Leidensgeschichte im Neuen Testament stark angezweifelt, und zwar zuerst auf christlicher Seite. Mit Hilfe der formgeschichtlichen Methode meinten vor allem die deutschen Exegeten zeigen zu müssen, daß die Evangelien vom Glauben der Kirche und ihrer Theologie entscheidend geprägt seien; das historische Detail, dessen man zu einer Rekonstruktion des Prozesses Jesu bedürfte, sei in der Leidensgeschichte Jesu kaum zu finden oder durch eine kerygmatisch orientierte Darstellung verdeckt. War der Prozeß Jesu schon von der liberalen Jesusforschung der evangelischen Exegeten etwas stiefmütterlich behandelt worden[12], so blieb er fast völlig unbeachtet in der von K. BARTH und R. BULTMANN inspirierten Theologie, in der sich die Sorge um den rechten Glauben mit historischer Skepsis verband. In den neueren Jesusbüchern werden der Prozeß und die Kreuzigung Jesu meist nur am Rande erwähnt oder aber stehen im Widerspruch zu seiner existential interpretierten Verkündigung[13]: Warum − so

---

lich der Einfügung eines Bearbeiters zuzuschreiben ist" (Leben und Tod des Jesus von Nazareth, München 1965, S. 45; Übersetzung des englischen Originals: The Death of Jesus, New York 1962). Mit dem „Bearbeiter" ist der Evangelist Matthäus gemeint.

[9] A. a. O. S. 149: *"Many have come in his name, and have joined the accusers . . . Tried by the world, condemned by authority, buried by the churches that profess his name, he is rising again, to-day and to-morrow, in the hearts of men who love him and feel: he is near".*

[10] So etwa bei J. M. JOST und J. SALVADOR (vgl. D. R. CATCHPOLE, a. a. O. S. 14−24), bei I. M. WISE: Ohne die talmudischen Quellen könnten wir gar nicht wissen, ob Jesus gelebt hat (A Defense of Judaism versus Proselytizing Christianity, Cincinnati 1889, S. 90).

[11] S. HIRSCH, Die Religionsphilosophie der Juden, 2. Aufl. Leipzig 1865 (1. Aufl. 1842), S. 135f.; L. PHILIPPSON: Die Jesus betreffenden talmudischen Notizen haben keinen geschichtlichen Wert; an historischen Tatsachen stehe nur fest, was Tacitus (Annales XV 44) sagt (Haben wirklich die Juden Jesus gekreuzigt?, Berlin 1866, S. 41; vgl. auch H. G. ENELOW, A Jewish View of Jesus, New York 1931, wieder in DERS., Selected Works III, Kingsport 1935, S. 484). Aber schon M. MENDELSSOHN konnte in einem Brief an LAVATER schreiben: „Wir haben übrigens unsererseits von jener großen Begebenheit keine zuverlässigen Nachrichten, keine Aktenstücke, keine Berichte die wir den Ihrigen entgegenstellen könnten" (Gesammelte Schriften III, Leipig 1843, zitiert bei D. R. CATCHPOLE, a. a. O. S. 13).

[12] Vgl. das bei J. BLINZLER, a. a. O. S. 12 zitierte, etwas übertriebene Urteil A. SCHWEITZERS, die Probleme des Prozesses Jesu hätten für die Forschung sozusagen nicht existiert.

[13] So schildert etwa R. BULTMANN in seinem epochemachenden Jesusbuch den Mann aus Nazareth als einen eschatologischen Verkündiger des Gotteswillens, der die Menschen in die Entscheidung stellte, der in die Freiheit des Glaubens an Gott und der Liebe zum Nächsten führte (Jesus, Tübingen 1951, S. 27−182). Er meint, es könne kaum zweifelhaft sein, daß

muß man fragen – endete der Weg des „letzten Rufers vor dem Ende", des Predigers der grenzenlosen Gottes- und Nächstenliebe vor dem Gericht des Präfekten Pilatus? Warum starb solch ein Gottesbote am Kreuz, das nach römischem Recht den Straßenräubern und politischen Rebellen vorbehalten war? Manchmal wird das Ende Jesu auf ein Mißverständnis seiner Botschaft oder aber auf eine falsche Anklage der Juden zurückgeführt[14]. Es braucht deshalb nicht wunder zu nehmen, wenn man, gleichsam im Gegenschlag gegen eine ausschließlich kerygmatisch-existentiale Darstellung Jesu, in das andere Extrem verfiel und im Kreuz den Schlüssel zu einem ganz anderen, politischen Verständnis Jesu fand: Der Mann aus Nazareth war nicht etwa ein liebenswerter Schwärmer, ein ruhiger Weiser[15] oder auch ein Rabbi, dessen Botschaft sich existential interpretieren läßt, sondern trat als ein engagierter Kämpfer für die Entrechteten und Diskriminierten auf, der nach verzweifeltem Ringen den vereinten Kräften eines religiösen Establishments und einer korrupten Fremdherrschaft unterlag[16].

Die hier aufgezeigten Wendungen und Widersprüche resultieren nicht zuletzt aus einer einseitigen oder auch zu skeptischen Benutzung der Quellen, die für den Prozeß Jesu zur Verfügung stehen. Die Exegeten der Evangelien begnügen sich heute vielfach mit der formgeschichtlichen Analyse, die den kleinen, zunächst mündlich überlieferten Einheiten von Worten oder wunderbaren Taten Jesu gilt, und mit der komplementären Methode der Redaktionsgeschichte, die den schriftlichen Werdegang, die Komposition und Redaktion der Einzelstücke in Quellen und Evangelien aufzuzeigen hilft. Damit bleibt aber der Exeget im Raum der tradierenden und deutenden Kirche stehen. Will er über ihn hinaus zu Jesus zurückgehen, um sich ein Urteil über dessen Wirken und den Ablauf seines Prozesses bilden zu können, so muß er beides im Kraftfeld der Umwelt sehen und mit Hilfe auch der nicht-christlichen zeitgenössischen Quellen verstehen. Umstritten ist, wie schon erwähnt, der historische Wert der rabbinischen Schriften, die jedoch die rechtlichen und religiösen Probleme des nachbiblischen Judentums beleuchten; als besonders wichtiger Zeuge für die Geschichte des zweiten Tempels ist Flavius Josephus einzuschätzen[17]; Mate-

---

„Jesus wie andere Aufrührer als messianischer Prophet am Kreuz starb" (S. 26), hält aber sein Auftreten für unmessianisch und von Aufruhr weit entfernt; von seinem Tod und seiner Auferstehung habe Jesus nicht geredet (S. 178).

[14] Jesus wurde auf Grund eines Mißverständnisses seines Wirkens als eines politischen hingerichtet; er wurde fälschlich als ein Messiasprätendent angeklagt.

[15] J. WELLHAUSEN, Israelitisch-jüdische Geschichte, Berlin 1894, S. 316; E. RENAN, La vie de Jésus, Paris 1863.

[16] So schon R. EISLER, ΙΗΣΟΥΣ ΒΑΣΙΛΕΥΣ ΟΥ ΒΑΣΙΛΕΥΣΑΣ, 2 Bde. (Religionswissenschaftliche Bibliothek 9), Heidelberg 1929–1930 (vgl. u. Anm. 48); neuerdings J. CARMICHAEL, The Death of Jesus, New York 1962; S. G. F. BRANDON, Jesus and the Zealots, Manchester 1967; IDEM: The Trial of Jesus of Nazareth, London 1968; H. W. BARTSCH, Der Tod eines Revolutionärs, Barmen 1968. Dagegen M. HENGEL, War Jesus Revolutionär? (Calwer Hefte 110), Stuttgart 1970 und D. FLUSSER, a.a.O. S. 131ff.

[17] Vgl. dazu A. SCHALIT (ed.), Zur Josephus-Forschung (Wege der Forschung 84), Darmstadt 1973, vor allem S. VII-XVII, wo energisch eine Revision des abschätzigen Urteils über den

rial für Glauben, Hoffen und Rechtsdenken der Juden zur Zeit Jesu bieten auch die neu gefundenen Texte vom Toten Meer. Diese Quellenbasis ermöglicht es, den historischen Wert der Leidensgeschichte Jesu im Neuen Testament klarer zu sehen. Zweifellos sind die Evangelien in erster Linie Werke des Glaubens, die den Leser nicht nur informieren, sondern auch transformieren, zu Jesus bekehren oder aber im Glauben festigen wollen. Aber kerygmatischer Impetus und apologetische Absicht schließen — gerade auch, wenn sie überzeugen wollen! — eine Bindung an die historische Wahrheit keineswegs aus.

II. Rabbinische Retrospektive: Jesus als Verführer vor dem jüdischen Gericht

Im rabbinischen Schrifttum, der Mischna, Tosefta, den Midraschim und vor allem im Babylonischen Talmud, wird Jesus nur gelegentlich erwähnt. Das liegt nicht etwa am fehlenden Interesse[18], sondern vor allem daran, daß Judentum und

---

Historiker Flavius Josephus gefordert wird. S. auch DERS., Die Erhebung Vespasians nach Flavius Josephus, Talmud und Midrasch. Zur Geschichte einer messianischen Prophetie, ANRW II 2, ed. H. TEMPORINI, Berlin-New York 1975, S. 208ff., bes. S. 259ff., 321f.

[18] Gegen J. MAIER, Jesus von Nazareth in der talmudischen Überlieferung (Erträge der Forschung 82), Darmstadt 1978, S. 3—15 passim. 40.237: „Das Interesse an Jesus war =Null, für das Judentum der ersten Jahrhunderte stellte das Christentum kein existentielles Problem dar"; erst mit dessen Anstieg zu einer Macht im Römischen Reich habe sich diese Haltung geändert (S. 15). MAIER möchte zeigen daß der Name 'Jesus' recht spät, vielfach erst nach Abschluß der beiden Talmudim, in Traditionen eingefügt wurde, die ursprünglich von anderen, obskur bleibenden, Irrlehrern gehandelt hatten; sogar der Name Jesus *bn Pnṭiri* in Tosefta Chullin II,24 habe sich zunächst nicht auf Jesus bezogen (S. 271). MAIER kritisiert nicht nur das Bemühen christlicher Exegeten, „immer und überall Anspielungen auf Jesus in der talmudischen Tradition zu finden", sondern diskreditiert auch jüdische Historiker wie H. GRAETZ, S. KRAUSS und J. KLAUSNER mit seiner an sich gut gemeinten Absicht, die rabbinische Literatur der ersten Jahrhunderte von jeglicher Polemik gegen das Christentum freizusprechen. Aber seine Beweisführung ist alles andere als überzeugend. Wesentlich richtiger etwa die des jüdische Theologe JAKOB J. PETUCHOWSKI, Der Ketzersegen, in: Das Vater Unser. Gemeinsames im Beten von Juden und Christen, hrsg. von M. BROCKE et al. (Veröffentlichungen der Stiftung Oratio Dominica), Freiburg 1974, S. 90ff. Bedenkt man, wie im Talmud etwa von Titus oder auch Bar Kochba gesprochen wird, wie man dort Kritik auf indirekte Weise übt, etwa Julian Apostata mit Hilfe von Kyrus tadelt, so wird man die Hinweise auf Jesus als real und durchaus beachtenswert ansehen müssen. Die im Talmud gebotenen Notizen über Jesus stimmen auffallend mit der von Celsus geübten Polemik überein. Daß das Judentum nicht erst in der konstantinischen Ära vom Christentum Notiz genommen hat, beweist der Ketzersegen, die 12. Benediktion im Achtzehn-Bitten-Gebet, die am Ende des 1. Jhdts. eingefügt wurde und sicherlich auch, wenn nicht sogar in erster Linie, gegen die Judenchristen gerichtet war, vgl. etwa Justin, Dial. c. Tryphone Kap. 16: . . . καταρώμενοι ἐν ταῖς συναγωγαῖς ὑμῶν τοὺς πιστεύοντας εἰς τὸν Χριστόν; Epiphanius Haer. 29,9: . . . ἀναθεματίζουσι(τρὶς τῆς ἡμέρας) φάσκοντες, ὅτι ἐπικαταράσαι ὁ θεὸς τοὺς Ναζωραίους; ferner Hieronymus ad Jes 5,18f.: . . . *ter per singulos dies in omnibus synagogis sub nomine Nazarenorum anathemizant vocabulum Christianum*. Vgl. auch

Christentum sich am Ende des 1. Jhdts. voneinander trennten und verschiedene Wege gingen: Während sich die Mission der Kirche westwärts wandte, erstanden die Zentren der rabbinischen Gelehrsamkeit im Osten, in Palästina und vor allem in Babylonien[19]. Wichtig ist, daß im Babylonischen Talmud der Prozeß Jesu als ein nach biblisch-jüdischem Recht durchgeführtes Verfahren erscheint und an eine jüdische Behörde als verantwortliche Instanz gedacht ist; der Name „Pilatus" wird nirgends erwähnt. Aufschlußreich ist eine Baraitha, d. h. eine Überlieferung aus der relativ frühen tannaitischen Zeit im Traktat Sanhedrin (43 a). In ihr wird als Kommentar zur Weisung der Mischna (Sanhedrin 6,1), bei der Steinigung seien der Delinquent und dessen Schuld durch einen Ausrufer öffentlich bekannt zu machen, folgender Vorfall erzählt:

„Es ist überliefert: Am Rüsttag zum Passahfest (בערב הפסח, b^{e^c}æræb hăppæsaḥ) hängte man Jesus, den Nazarener. Ein Ausrufer ging vierzig Tage lang vor ihm her hinaus (und verkündigte): 'Er (Jesus) geht hinaus, um gesteinigt zu werden (ליסקל, lissaqel), weil er gezaubert, verführt und Israel zum Abfall (von Gott) verleitet hat (שכישף והסית והדיח, šækkîššep w^ehesît w^ehiddîʾḥ)[20]. Jeder, der etwas Verdienstvolles (זכות, zakût) zu seiner Entlastung weiß, möge kommen und es für ihn geltend machen!' Aber man fand nichts zu seiner Entlastung, und so hängte man ihn am Rüsttag des Passahfestes. – Rabbi Ulla (um 280 n. Chr.) entgegnete dem Einwand: 'Meinst du, daß er zu denen gehörte, für die man nach Entlastung sucht? Er war doch ein Verführer (מסית הוא, mesît hûʾ), und (von ihm) hat der Allbarmherzige gesagt: Du sollst ihm keine Schonung erweisen und (seine Schuld) nicht bedecken!' (Deuteronomium 13,9). Aber bei Jesus lag der Fall anders: Er stand der Königsherrschaft (d. h. der römischen Regierung) nahe" (קרוב למלכות הוא, qarôb lămmălkût hûʾ).

Dieser Text hält sich in seiner Diktion ganz eng an die in der Mischna gegebenen Ausführungsbestimmungen zur Steinigung und hat auch die Anklage gegen Jesus entsprechend formuliert, setzt also die dort zutage tretende Tradition voraus[20a]. Enthält er dennoch Daten, die historisch wertvoll sind?

S. KRAUSS, The Jews in the Works of the Church Fathers, Jewish Quarterly Review 5 (1893), S. 122–157, bes. S. 130 f.

[19] In der babylonischen Rezension des Achtzehn-Bitten-Gebets fehlen in der 12. Bitte die nôṣrîm = Judenchristen. Allerdings wird Jesus gerade auch im Babylonischen Talmud erwähnt.

[20] In der Mischna (Sanhedrin 7,4) werden unter den durch Steinigung zu Bestrafenden nebeneinander genannt: Der Verführer (המסית, hămmesît), der zum Abfall Verleitende (המדיח, hămmăddîʾḥ) und der Zaubernde (המכשף, hăm^ekaššep). In einer Näherbestimmung wird 7,10 gesagt, der מסית verführe einen Einzelnen (הדיוט, hædjôṭ, vgl. Deuteronomium 13,7: אחיך, 'aḥika), während nach 7,11 der מדיח (măddîʾḥ) mehrere zum Abfall verleiten will. Der Zaubernde muß wirklich Zauberei begangen haben und darf nicht etwa nur so tun (7,11, vgl. Exodus 23,17).

[20a] Vgl. Mischna Sanhedrin 6,1: „Ein Ausrufer geht vor ihm hinaus (und verkündigt): 'Der X, Sohn des X, geht hinaus, um gesteinigt zu werden, weil er das X Vergehen begangen hat; X und X sind Zeugen gegen ihn. Jeder, der für ihn etwas Verdienstvolles zu seiner Entlastung

1. Das Datum der Hinrichtung

Man hat dies von dem hier zweimal erwähnten und darum besonders betonten Tag der Hinrichtung Jesu behauptet, nämlich dem Rüsttag (= Vortag) des Passahfestes, also dem 14. Nisan, der auch an einer anderen Stelle des Talmud erscheint[21].

Dieses Datum stimmt mit der Passionschronologie des vierten Evangeliums überein, nach welcher Jesus vor der jüdischen Passahnacht von Pilatus verurteilt und gekreuzigt wurde (18,28). Dagegen erfolgten nach den drei ersten Evangelien die Verhaftung und das Verhör Jesu nach dem Passahmal mit den Jüngern, so daß die Kreuzigung auf den 15. Nisan, den ersten, großen, Feiertag des folgenden Mazzenfestes fiel (Markus Kap. 14–15). Das von Johannes vorausgesetzte und im Talmud ausdrücklich genannte Kreuzigungsdatum des 14. Nisan wird meist als historisch zutreffend beurteilt: Es sei von apologetischen Tendenzen frei und lasse die Schwierigkeiten vor allem juristischer Art vermeiden, die der Durchführung eines Kapitalprozesses an einem hohen Feiertag entgegenstehen[22]. Aber meines Erachtens ist das Umgekehrte der Fall: Der Rüsttag zum Passah (14. Nisan) ist aus theologischem bzw. apologetischem Interesse gewählt und deshalb eher verdächtig als die synoptische Tradition. Denn der vierte Evangelist läßt Jesus als „Lamm Gottes" in der Zeit gekreuzigt werden, in der man im Tempel die Passahlämmer zu schlachten begann[23]. Und den Rabbinen, die Jesus vor ein jüdisches Gericht gestellt sahen, konnte allenfalls der Rüsttag zum Passah, nicht aber der Feiertag des 15. Nisan, als Datum der Hinrichtung Jesu genehm sein; denn nach der Mischna darf kein Prozeß über Leben und Tod am Vortag eines Sabbats oder Feiertags begonnen und an einem solchen heiligen Tage abgeschlossen werden (Sanhedrin 4,1). Die rabbinische Überlieferung verrät deutlich das Bestreben, dem Prozeß Jesu eine korrekte, den humanen Strafrechtsbestimmungen der Mischna entsprechende Durchführung zu bescheinigen, ist also nicht frei von apologetischer Tendenz[24].

---

weiß, möge kommen und es für ihn geltend machen!" Die Anordnung der Mischna wird demnach in der hier erwähnten Talmudstelle auf den Fall Jesu bezogen und mit konkreten Angaben versehen; dabei ist die Schuld Jesu nach Mischna Sanhedrin 7,4 präzisiert, wo die Verführung (Deuteronomium 13,7), die Verleitung zum Abfall (ibid 13,11) und das Zaubern (ibid 18,11) als drei durch Steinigung zu bestrafende Vergehen nebeneinander stehen.

[21] B. Sanhedrin 67a. Der dort mit Jesus gleichgesetzte Verführer Ben Stada soll am Rüsttag des Passahfestes gehängt worden sein.

[22] So J. BLINZLER, a.a.O. S. 44; 106; vorsichtiger D. R. CATCHPOLE, a.a.O. S. 6.

[23] HAROLD W. HOEHNER sucht die chronologische Differenz zwischen den Synoptikern und Johannes durch die Annahme einer verschiedenen Tagesrechnung zu lösen: In Galiläa und und bei den Pharisäern habe man den Tag von Sonnenaufgang bis zu Sonnenaufgang gerechnet, in Jerusalem von Sonnenuntergang zu Sonnenuntergang (Chronological Aspects of the Life of Christ, Grand Rapids, 2. Aufl. 1978, S. 86f.). Anders A. JAUBERT, La Date de la Cène (Études bibliques 47), Paris 1957, die für Jesu Abendmahl den Sonnenkalender der Essener zugrundelegt.

[24] Die Lesung „am Vortag des Sabbats und am Rüsttag des Passahfestes" in der Talmudhandschrift Florenz für b Sanhedrin 43a verrät deutlich den Bezug zur Bestimmung der

2. Die Sorgfalt des Verhörs

Das zeigt sich noch deutlicher an einer weiteren, geradezu unglaublichen Angabe unserer Baraita: Man habe vierzig Tage lang[25] die Öffentlichkeit durch einen Ausrufer über die bevorstehende Hinrichtung Jesu informiert, um eine Wiederaufnahme des Verhörs und eine Aufhebung des Todesurteils zu ermöglichen, falls sich entsprechende Entlastungszeugen fänden; in der Mischna ist nur die einmalige Ausrufung vorgesehen (Sanhedrin 6,1). Die vierzig Tage sind eine biblisch-legendäre Frist. Offensichtlich wollte man mit ihr und dem dadurch bezeichneten langen Aufschub der Hinrichtung dem Eindruck eines eiligen, nächtlichen und nicht öffentlichen, Prozeßverfahrens entgegenwirken, wie ihn die Leidensgeschichte der Evangelien erweckt, und dagegen betonen: Die jüdische Behörde habe eine übergroße Sorgfalt walten lassen und Jesu Anhängern jede Möglichkeit der Verteidigung gewährt. Eben diese unerhörte Sorgfalt rief den hier bedachten möglichen Hinweis auf die Tatsache hervor, daß sie schriftwidrig sei, einer von Gott durch Mose gegebenen Weisung widerspreche. Denn wer seine Angehörigen zum Götzendienst verführen wolle (הסית, hesît), dürfe keine Schonung erfahren, sondern müsse unverzüglich gesteinigt werden (Deuteronomium 13,9–11). Diesem durchaus berechtigten Einwand wird entgegengehalten, es handle sich hier um einen Ausnahmefall: Jesus habe der „Königsherrschaft nahegestanden". Was mit dieser wohl absichtlich unpräzis gehaltenen Begründung ausgesagt werden soll und wie sie entstanden sein mag, ist unklar: Spiegelt sich in ihr die Tatsache, daß Jesus von den Römern hingerichtet worden war, oder aber seine Botschaft von der nahen Gottesherrschaft?[26] Diese beiden fundamentalen Fakten der Geschichte Jesu wären in der rabbinischen Überlieferung so verblaßt, daß mit ihrer Hilfe das besondere Vorgehen des jüdischen Gerichts gerechtfertigt werden konnte. Jedenfalls verlief nach Ansicht der Rabbinen der Prozeß Jesu ganz in den Schranken des jüdischen, in der Mischna kodifizierten Rechts und stand damit bereits im Zeichen der pharisäisch initiierten Humanisierung der mosaischen Strafgesetze, wie sie im Traktat Sanhedrin zutage tritt. In ihm wird nämlich der unendliche Wert des menschlichen Lebens eingeschärft (4,5) und ein Todesurteil möglichst vermieden oder aber auf humane Weise vollstreckt (7,1–3); das Heil der kommenden Welt soll auch für den zum Tode verurteilten Verbrecher grundsätzlich erhalten bleiben (6,2; 10,1)[27].

Mischna Sanhedrin 4,1. Weniger plausibel ist die Erklärung von HAROLD W. HOEHNER, Jesus habe als falscher Lehrer nicht am Passah teilnehmen dürfen (a. a. O. S. 80).

[25] Von J. MAIER, a. a. O. S. 219.304 als 40 Tage vor der Hinrichtung übersetzt, was vom Inhalt der Bekanntmachung her unmöglich ist (vgl. Mischna Sanhedrin 6,1).

[26] Vgl. zu קרוב למלכות (qarôb lammälkût) Markus 1,15: „Nah herbeigekommen ist die Königsherrschaft Gottes" (קרובה מלכות אל לבוא, qᵉrôbā mälkût 'el labô'; vgl. Jesaja 56,1).

[27] Todesurteile sollen möglichst ganz vermieden werden (Mischna Makkot 1,10). Die in Sanhedrin 7,1 aufgezählten vier Hinrichtungsarten sind nach dem Grad der Schwere geordnet: Steinigung, Verbrennung, Enthauptung, Strangulieren. Bei der Durchführung der biblisch befohlenen Strafen wird eine rasche Herbeiführung des Todes angestrebt, ferner soll der

Die Sorgfalt des Verhörs wird auch noch in einer wohl sekundär auf Jesus bezogenen Nachricht sichtbar. Sie handelt von einem Verführer Ben Stada, der in Lydda hingerichtet wurde. Dabei habe man zwei versteckt gehaltene Talmudschüler aufgeboten, die das Verbrechen der geheimen Verleitung zum Götzendienst in actu miterleben mußten (b Sanhedrin 67a; vgl. Deuteronomium 13,7: בסתר, *b^{e}setær*). Mit dieser recht konstruiert wirkenden Geschichte wollte man wohl der christlichen Tradition vom Verhör Jesu entgegentreten, nach welcher falsche Zeugen aufgeboten worden sein sollen.

3. Die Todesstrafe

Wichtig, weil widersprüchlich angegeben, ist in der Baraitha b Sanhedrin 43a die Art der Todesstrafe, die an Jesus vollstreckt worden sein soll. Nachdem am Anfang und Schluß, in Verbindung mit dem Rüsttag des Passahfestes, vom Hängen (תלה, *talā*) gesprochen wird, ist in der Bekanntmachung des Ausrufers die Steinigung (סקל, *saqăl*) als Strafe genannt. Das Hängen stellt zunächst eine Reminiszenz an die Kreuzigung Jesu auf Golgatha dar; Jesus erscheint in der späteren jüdischen Polemik als der „Gehängte" (תלוי, *talûj*). Aber im Kontext des mischnischen Rechts, nach dem unsere Baraitha gestaltet ist, wird die Strafe der Steinigung verlangt, die das Vergehen von Zauberei, Verführung und Verleitung sühnt (Sanhedrin 7,4; vgl. Deuteronomium 13,11). Deshalb ist sie auch in der Bekanntmachung des Ausrufers erwähnt, die von Sanhedrin 6,1 übernommen und nur leicht modifiziert ist. Den Widerspruch zwischen beiden Angaben muß man sich so aufgehoben denken, daß das Hängen als eine abschreckende Zusatzstrafe zur Steinigung verstanden wird: Der Leichnam Jesu wurde für kurze Zeit aufgehängt.

Diese Zusatzstrafe wurde von den rabbinischen Exegeten aus der Weisung Deuteronomium 21,22f. herausgelesen, wonach ein todeswürdiges Verbrechen durch „Hängen ans Holz" gesühnt werden soll. In Sanhedrin 6,4 ist dementsprechend bei Gotteslästerung und Götzendienst das kurze Aufhängen des durch Steinigung Hingerichteten angeordnet. Man könnte daran denken, daß die von Josephus berichtete Hinrichtung des Jakobus, des Bruders Jesu, der auf Betreiben des Hohenpriesters Ananos verurteilt und gesteinigt worden war (Antiquitates 20,200), die rabbinische Darstellung des Todes Jesu verdunkelt hat. Aber maßgeblich war doch wohl die Tendenz, den Prozeß Jesu ganz als einen Fall der jüdischen Justiz anzusehen und ihn mit dem in der Mischna kodifizierten Recht in Einklang zu bringen. Die im Talmud übernommene Verantwortung der jüdischen Behörden wird zur gleichen Zeit von Justin bestätigt[28], ferner in der

---

Leib des Delinquenten möglichst unversehrt bleiben, weil eine leibliche Auferstehung der Toten erwartet wird.

[28] Er läßt seinen jüdischen Gesprächspartner Tryphon sagen: „Als wir ihn gekreuzigt hatten (σταυρωσάντων ἡμῶν), stahlen ihn seine Jünger bei Nacht aus dem Grab und betrügen nun (πλανῶσιν) die Menschen mit der Auskunft, er sei von den Toten auferstanden . . ." (Dialogus cum Tryphone 108).

christlich-gnostischen Schrift 'Apokryphon des Johannes' erwähnt[29]; sie stimmt auch in etwa mit dem überein, was in der von S. PINES veröffentlichten Chronik des arabischen Historikers 'Abd al Jabbār (11. Jhdt. n. Chr.) vom Ende Jesu berichtet wird[30]. Vor allem aber tritt die talmudische Tendenz, die Verantwortung für die Hinrichtung eines Volksverführers einem jüdischen Gericht zuzuschreiben und ihn nach der Tora Moses zu verurteilen, bei dem 135 n. Chr. im Kampf gegen Rom gefallenen Bar Kochba hervor, und zwar auch in einer Tradition des Traktats Sanhedrin (93b): Weil er offen und direkt den Anspruch erhoben habe, der Messias zu sein, anderseits aber dem in Jesaja 11,3 geforderten Kriterium des von Gottes Geist geleiteten gerechten Richtens nicht genügte, habe man ihn getötet (קטלוהו, $q^e talûhû$). Nicht die Römer, sondern die Rabbinen werden dabei als die Gegner Bar Kochbas eingeführt, die ihn gleichsam als falschen Propheten entlarvten und zu Tode brachten. Das politische Scheitern wird mit religiöser Anmaßung begründet; dabei dürfte wie im Falle Jesu der Schriftabschnitt Deuteronomium 13 als kritische Norm und inspirierende Kraft der Darstellung gedient haben. Schließlich wird zusammen mit der hier behandelten Baraitha b Sanhedrin 43a in einem ebenfalls alten Traditionsstück von fünf namentlich erwähnten Jüngern Jesu erzählt, die vor ein Gericht gestellt und zum Tod verurteilt wurden. Dabei führten sie ihre Verteidigung mit Hilfe alttestamentlicher Schriftworte, die angeblich den Trägern ihrer Namen das Heil und damit auch die Wahrheit ihrer Sache zusprechen. Der Gerichtshof widerlegte sie jedoch auf gleiche Weise als des Todes würdige Verbrecher. Hier wird wohl auf die Tatsache der von den Römern vollzogenen Verfolgung der Christen angespielt. Aber wieder ist ein jüdisches Gericht eingeschaltet. Denn das geistreiche Duell, das auf diesem Forum stattfindet, ist keinem römischen Richter, sondern nur jüdischen Schriftgelehrten zuzutrauen.

4. Das Vergehen Jesu

Die Tatsache der biblischen Begründung gilt vor allem auch im Blick auf das Vergehen, dessen Jesus in diesem Überlieferungsstück bezichtigt wird, nämlich die durch den Ausrufer verkündigte, stereotyp formulierte, dreifache Anklage des

---

[29] Ein Pharisäer sagt zu dem Jünger Johannes über Jesus: „Durch Betrug hat er euch irregeführt, dieser Nazarener. Er hat (eure Herzen) verschlossen und euch abgewendet (von den) Überlieferungen eurer Väter" (W. TILL, Die gnostischen Schriften des koptischen Papyrus Berolinensis 8502 [Texte und Untersuchungen 60 (V, 5)], Berlin 1955, Kol. 19, 17–20,3). Das gleicht der im Talmud gegen Jesus erhobenen Anklage. Der Stil ist semitisierend (vgl. πλάνη πλανᾶν = kopt. kote ebol, hebräisch: הסית hesît); vgl. Johannes 7,12: „Er verführt das Volk".

[30] Die Juden bitten Herodes, der im Prozeß Jesu die zentrale Rolle spielt, er möge ihnen Vollmacht über jenen Mann geben, damit sie an ihm ihr Gericht vollziehen könnten (§ 65a); vgl. § 66a: Die Juden peinigten ihn, geißelten ihn und kreuzigten ihn; vgl. dazu S. M. STERN, Abd al Jabbar's Account of how Christ's Religion was Falsified, Journal of Theological Studies 3 (1968), S. 128–165.

Zauberns, Verführens und Verleitens des Volkes Israel[31]. Grundlegend dafür ist die Stelle m Sanhedrin 7,4 und das Kapitel Deuteronomium 13, wo in v. 7 bzw. v. 11 die an zweiter und dritter Stelle genannten Verben הסית (hesît) und הדיח (hiddîᵃḥ) den Versuch bezeichnen, einzelne Personen oder aber das ganze Volk vom wahren Gott und Retter Israels abspenstig zu machen.

a) Zauberei

Das an erster Stelle erwähnte Zaubern (כישף, kiššep)[32] wird in Deuteronomium 18,10–14 unmittelbar vor dem Abschnitt über den von Gott angekündigten Propheten wie Mose behandelt, der auch für die Beurteilung Jesu wichtig war (18,15–22). Es könnte sich konkret darauf beziehen, daß Jesus nach den Evangelien wunderbare Heilungen vollbracht hat, die von seinen Gegnern als Werk des Teufels bzw. der Dämonen bezeichnet wurden (Markus 3,21); überhaupt stand ein Wunder bei den Rabbinen immer auch im Verdacht der Zauberei[33]. Im Deuteronomium wird nämlich davor gewarnt, gerade auch ein falscher Prophet oder Träumer könne sich durch Zeichen oder Wunder beglaubigen; wenn Gott dies zulasse, wolle er Israel auf die Probe stellen und die Echtheit der Liebe zu ihm prüfen (v. 2–4). Dementsprechend werden auch nach Matthäus 24,24 falsche Messiasse und Pseudopropheten als Wundertäter für die Drangsal der endzeitlichen Wirren angekündigt, und das antichristliche Weltreich der Endzeit bedient sich eines falschen Propheten, der einen atheistischen Personenkult mit Hilfe von Wundertaten propagiert (Offenbarung 13,11–18). Ein Hinweis auf bedrohliche Wunder im Namen Jesu findet sich in der Tosefta (Chullin 2,22f.)[34]: Ein gewisser Jakob aus Kephar Sekhanja (Kephar Sama) pflegte im Namen des Jesus ben Pantera[35] Heilungen zu vollziehen. Er wurde auch von Rabbi Eleasar Ben Dama,

[31] Der Abschnitt Deuteronomium 13,1–12, der in V. 1–6 den falschen Propheten und Träumer behandelt, dann in V. 7 den Verführer zum Götzendienst nennt und in V. 11 vom Verleiten spricht, schärft die Steinigung in V. 10–12 als unbedingt notwendige, dem ganzen Volk bekannt zu gebende Strafe für dieses Vergehen ein. Vgl. dazu die Wiedergabe dieser Stelle in der Tempelrolle Kol. 54,8–55,1 (Y. YADIN, מגלת המקדש [Mᵉgillat Hammiqdaš] II, Jerusalem 1977, S. 171–174).
[32] In Mischna Sanhedrin 7,4 nach dem Verleiten und Verführen an dritter Stelle genannt.
[33] E. E. URBACH, Chas'al (= Die Weisen), Jerusalem, 2. Aufl. 1971, Kapitel 6, S. 86–102.
[34] ZUCKERMANDEL, S. 502, Zeile 10–13; vgl. auch Jerusalemer Talmud 14b; Babyl. Talmud Aboda Zara 27b; Qohelet Rabba I, 1, 8.
[35] Jesus gilt im Talmud als Jeŝû (Ben) Pănṭ(d)era' (Tosefta Chullin 2,22.24; Jerus. Talmud Schabbat 14,14d; Babyl. Talmud Sanhedrin 67a; Schabbat 104·b). Damit wird auf die schon dem Celsus bekannte Fabelei von einer unehelichen Geburt Jesu angespielt: Ein Soldat Panther habe die Jungfrau Maria verführt (τὴν μοιχείαν τῆς παρθένου καὶ τοῦ Πανθήρα, Origenes Contra Celsum I, 28.32.33.69; II, 5, ed. P. KOETSCHAU, Leipzig 1913, Bd. I, S. 77.83.85.123f. 132.; ferner Eusebius, Eclogae propheticae III, 10, ed. GAISFORD, Oxford 1842, S. 11). Solche Wortspiele wie die παρθένου – Πανθήρα(ς) waren in der Polemik beliebt; der υἱὸς Πανθήρα ist eine Verunglimpfung des Jungfrauensohns. Die Diskussion über Jesu Abstammung, die im Babyl. Talmud Schabbath 104 b berichtet wird, beweist, daß die Rabbinen von Jesu Herkunft nur dumpfe Vorstellungen besaßen. Jesu Mutter Mirjam gilt als Frauenhaarflechterin (מגדלא נשיא, mᵉgaddᵉla' nᵉšajja'); vielleicht liegt eine Verwechslung mit Maria Magdalena zugrunde.

der von einer Schlange gebissen worden war, in höchster Not um Hilfe gebeten. Jedoch griff Rabbi Jischmael ein und verhinderte dies; als Eleasar starb, pries er ihn dafür, daß er den „Zaun der Weisen" nicht durchbrochen, d. h. die Weisung der Rabbinen nicht übertreten habe. Dieser sicherlich historische Vorfall beweist, daß den Rabbinen eine Heilung in Namen Jesu als zauberisches Werk einer widergöttlichen Macht erschien, die das Heil der zukünftigen Welt gefährdet[36]. Der Zauberei verdächtigt wird Jesus in einer von Ben Stada handelnden Tradition; der letztere soll Zauberformeln, die er sich in die Haut geritzt hatte, aus Ägypten eingeführt haben[37]. Ebenfalls im Zeichen der ägyptischen Zauberei mag die Tatsache stehen, daß man Jesus mit einem abtrünnig gewordenen Schüler des Rabbi Josua Ben Perachja identifiziert hat; dieser Rabbi war unter dem pharisäerfeindlichen König Alexander Jannäus nach Ägypten geflohen und von dort wieder in seine palästinische Heimat zurückgekehrt[38]. Die polemische Verdächtigung ägyptischer Zauberei wird schon von dem Gegner des Origenes, Celsus, bestätigt (178 n. Chr.), der durch einen jüdischen Gewährsmann u. a. davon erfuhr, Jesus habe in Ägypten als Tagelöhner gedient und dort magische Kräfte gelernt[39].

b) Verführung

Im Zentrum steht die Anklage der Verführung (הסית, hesît). Sie wird auch im oben erwähnten Einwand des Rabbi Ulla als einzige vorgebracht: Als Verführer (מסית, mesît) verdiente Jesus keine schonende Sonderbehandlung. Der Vorwurf der Verführung wird in den rabbinischen Stellen über Jesus zusammen mit dem von der Verleitung zum Abfall besonders betont. Jesu Lehre galt als häretisch: Die Tatsache, daß Rabbi Elieser Ben Hyrkanos ein durch den oben erwähnten Jakob von Sekhanja tradiertes Jesuswort beifällig aufgenommen hatte, machte ihn der Häresie verdächtig[40]. Das Christentum war die Häresie schlechthin (מינות, mînût, Mischna Sota 9,15), und auf Jesus als dessen Stifter lud man die ganze Last der falschen Lehren der Kirche: Er hat die Worte der Weisen verspottet (Babyl. Talmud Gittin 56b–57a), er war der Freche (ibid. Sanhedrin 107b; Sota 47a), der schon als Kind durch sein unbotmäßiges Verhalten auffiel und dadurch den Einsichtigen seine illegitime Geburt verriet (Jerus. Talmud Kalla 41d; Babyl. Talmud Kalla 18b). Das „Evangelium", in dem man eine Zusammenfassung der

---

[36] Eine ähnliche Begebenheit wird mit Joschua Ben Levi erzählt (Jerus. Talmud Aboda Zara 2,2,40d).
[37] Tosefta Schabbat 11,15; Babyl. Talmud Schabbat 104b; Jerusal. Talmud Schabbat 12,4,13d. Ägypten galt als ein Zentrum der Zauberei.
[38] Babyl. Talmud Sanhedrin 107b. Schon aus chronologischen Gründen kann Jesus mit diesem Vorfall nichts zu tun haben, der rund hundert Jahre vor seinem Wirken spielte; in der Paralleltradition Jerus. Talmud Chagiga II,2,77d ist der fragliche Schüler noch ohne Namen.
[39] Origenes contra Celsum I,28 a. a. O. S. 79: δυνάμεών τινων πειραθείς, ἐφ' αἷς Αἰγύπτιοι σεμνύνονται. Vgl. S. BENKO, Pagan Criticism of Christianity During the First Two Centuries A. D., ANRW II 23,2, ed. W. HAASE, Berlin-New York 1980, S. 1101ff.
[40] Tosefta Chullin 2,24 (ZUCKERMANDEL, S. 503,18–30), vgl. Babyl. Talmud Aboda Zara 16b/17a.

Lehre Jesu sah, wurde wortspielerisch als Avon—Gillajon = Sündenschrift oder als Awen—gillajon = Unheilsschrift karikiert[41]. Auch die dualistische, als Häresie verurteilte Lehre von zwei göttlichen Gewalten ist Jesus zugeschrieben und dabei zu einer Lehre von zwei Göttern gesteigert[42]; auf diese Weise wurde die Trinitätslehre der christlichen Kirche auf Jesus selbst zurückgeführt. Der Vorwurf der Häresie Jesu wird gelegentlich als Verführung zur Apostasie bezeichnet und damit der grundlegenden Schriftstelle Deueronomium 13,7 angenähert. Das geschieht etwa in der auf Jesus übertragenen Überlieferung von einem gottlosen Schüler Rabbi Josuas Ben Perachjas, der, nachdem er mit dem Bann belegt worden war, einen Ziegelstein angebetet und sich dann als einen Frevler bezeichnet habe, der viele zur Sünde verleitete und für den keine Buße möglich sei[43]. In ähnlicher Richtung geht wohl auch der Vorwurf, Jesus habe seine Speise öffentlich verbrannt[44]; denn auch das ist eine euphemistische Bezeichnung für den Götzendienst, den man gerade mit Rücksicht auf Deuteronomium 13,7 (vgl. auch v. 3.11) besonders betonen mußte.

Obwohl solche Nachrichten keine authentische Kenntnis des historischen Jesus verraten, darf man nicht bezweifeln, daß es sich hier wirklich um Jesus handelt und mit ihm das Christentum des 2. Jhdts. bekämpft wird. Diese Zeit wird durch Justins 'Dialog mit Trypho' bestätigt, in dem Jesus als ein Zauberer (μάγος) und Volksverführer (λαοπλάνος) bezeichnet wird (c 69), ferner durch das im 2. Jhdt. n. Chr. verfaßte 'Apokryphon des Johannes', nach dem Jesus die Jünger verführt (πλανᾶν) und von den Überlieferungen ihrer Väter abgewendet hat (BG 19,17—20,3).

c) Verleitung des Volkes

Ähnlich wichtig ist die Anklage der Verleitung des ganzen Volkes (הדיח, hiddīᵃḥ), die Jesus als drittes Verbrechen zur Last gelegt wird, sie erscheint schon Johannes 7,12: „Er verführt das Volk" (vgl. Lukas 23,2.5). Auch für sie ist wieder Deuteronomium 13 die gesetzliche Basis, wo die Abkehr des Volkes Israel von Gott als Ziel der demagogischen Prophetie dargestellt und die Strafe der Steinigung ausdrücklich erwähnt ist. Vor allem der messianische Anspruch Jesu wird als falsch und als das Volk verführende Gefahr verurteilt, ferner der christliche Glaube an seine Auferstehung von den Toten, der in diesem Ereignis die göttliche Bestätigung der messianischen Sendung Jesu sah. Auch dieser Glaube wird auf Jesus zurückgeführt. Ein Weheruf des Rabbi Resch Laqisch (3. Jhdt.) gilt demjenigen, der sich selbst durch den Namen Gottes wiederbelebt (Babyl. Talmud Sanhedrin 106a). Dieser Weheruf wird im Anschluß an ein Wort des Sehers Bileam gesagt (Numeri 24,23), der im Talmud manchmal als Chiffre für

---

[41] Babyl. Talmud Schabbath 116a b. Die Christen konnten es beliebig auslegen, entweder als Aufhebung der Tora oder als mit dieser im Einklang stehend.
[42] Pesiqta Rabbati 100b (ed. FRIEDMANN).
[43] Babyl. Talmud Sanhedrin 107b Schluß; Sota 47a.
[44] Babyl. Talmud Sanhedrin 103a; Berakhot 17b.

Jesus benützt ist. Zum Bileamspruch Numeri 23,19[45], der die Wahrhaftigkeit Gottes im Unterschied von den Menschen bezeugt, erklärte Rabbi Abbahu (3.– 4. Jhdt.): „Wenn zu dir ein Mensch sagt: 'Ich bin Gott!' so lügt er, 'Ich bin ein Menschensohn', so wird er es am Ende bereuen, 'Ich steige zum Himmel hinauf', so gilt von Ihm: Er hat es gesagt, wird es aber nicht verwirklichen". Schließlich hat nach Numeri 23,7 Bileam vorhergesehen, ein vom Weib Geborener werde sich zu Gott machen und die ganze Welt verführen[46]. Von daher ist es recht wahrscheinlich, daß man auch in weiteren Aussagen über Bileam an Jesus gedacht hat, so etwa im Babylonischen Talmud Sanhedrin 106b, wo im Anschluß an Psalm 55,24 gesagt wird: „33 Jahre alt war Bileam, der Lahme, als ihn der (zelotische) Räuber (ליסטאה, *lisṭa'ā*) Pinehas tötete" (vgl. Numeri 31,6). In der Mischna Sanhedrin 10,2 wird zusammen mit den biblischen Gestalten Doeg, Ahitophel und Gehasi auch Bileam zu denen gezählt, die vom Leben in der zukünftigen Welt ausgeschlossen sind. Die Zuordnung des Heiden Bileam zu notorischen Sündern Israels erscheint dann sinnvoll, wenn mit dem Namen „Bileam", dem Prototyp des Verführers und Verderbers Israels, Jesus von Nazareth gemeint ist. Das gilt auch von der Aussage Abot 5,19: „Die Schüler des gottlosen Bileam werden die Gehenna erben". Denn die Schüler Jesu sind ja zum Untergang vorherbestimmt, wie schon ihr Name dem in der Schrift Bewanderten anzeigt (Babyl. Talmud Sanhedrin 43a). Und bereits um die Jahrhundertwende, zur Zeit des Rabbi Eliezer ben Hyrkanos (90–110 n. Chr.), galt das Christentum als eine Häresie, die in Palästina auch vom römischen Statthalter verfolgt wurde[46a].

d) Zusammenfassung

Im Talmud wird der Tod Jesu, sowohl hinsichtlich der gegen ihn erhobenen Anklage als auch des Vollzugs, ganz in den Bereich des Judentums verlegt, theologisch von der Schrift und juristisch von der Mischna her erklärt. Im Gegensatz zur neueren jüdischen Darstellung des Prozesses Jesu, in welcher die römische Obrigkeit die volle Verantwortung trägt, tritt diese im Jesuszeugnis des Talmuds so gut wie gar nicht hervor[46b]. Jesus hat als Zauberer, Irrlehrer und

---

[45] Jerus. Talmud Taanit II, 165b.
[46] Yalquth Schimoni zu Numeri 23,19. Zu Bileam als Chiffre für einen falschen Lehrer der christlichen Kirche vgl. Offenbarung 2, 14; 2. Petr. 2, 15; Judas 11.
[46a] Vgl. den Bericht von der Beschuldigung des R. Elieser, er habe sich mit der Ketzerei, d.h. der Lehre Jesu, befaßt (Tosefta Chullin 2,24, ed. ZUCKERMANDEL, S. 503, 18–30; Babyl. Talmud Aboda Zara 16b 17a – Qohelet Rabba 1, 8). Dabei fällt die Großzügigkeit des römischen Richters auf, der für den jüdischen Lehrer alles zum Besten wendet; er wertet dessen Kontakt mit den (Juden-) Christen als Versuch, die Irrenden zum rechten Glauben zurückzuführen. Dabei spielt eine halachische Entscheidung Jesu eine Rolle, die freilich erst in den späteren Berichten erscheint und aus dem gegen die Irrlehre gerichteten Wort Sprüche 5, 8; 7, 26 herausgesponnen sein dürfte.
[46b] Es hätte eher im Interesse der missionierenden Christen liegen müssen, zu verschweigen, daß Jesus vom römischen Gericht des Pilatus verurteilt und wie ein Rebell hingerichtet worden war; das konnte der christlichen Bewegung den Anschein einer kriminellen Vereinigung geben. Aber die viel verdächtigte apologetische Absicht der Evangelisten führte nicht so weit wie die rabbinische Rücksicht auf die Forderungen der Tora.

Volksverführer nach Deuteronomium 13 den Tod durch Steinigung verdient. Das gerichtliche Verfahren gegen ihn war keineswegs suspekt, sondern eher überkorrekt. Es fehlt auch jede Absicht, die Verantwortung für den Prozess Jesu den Sadduzäern zuzuschieben und deren Rechtspraxis zu kritisieren, wie das sonst gelegentlich geschieht. Die talmudischen Notizen fügen, historisch betrachtet, nichts Neues zu den aus den Evangelien bekannten Tatsachen hinzu; entscheidend ist die theologische Tendenz, die den Kampf gegen die Kirche verrät. Dieser war im 2. Jhdt. nach Chr. in vollem Gang, wie aus dem Zeugnis des Apologeten Justin und des heidnischen Polemikers Celsus erhellt; von einem Desinteresse der Juden am Christentum kann keine Rede sein.

Es fehlt jeglicher Hinweis auf etwaige politische Aspekte und Implikationen des Messiasanspruchs Jesu und der Christologie der Kirche, auf etwaigen Zelotismus, auf ein gewaltsames Sich-Einsetzen für die Ehre und Alleinherrschaft Gottes, das von den Rabbinen gelegentlich verurteilt wird. Auch das Zentrum der Predigt Jesu, das kommende Gottesreich, wird nicht deutlich sichtbar; die ganze Enderwartung bleibt unerwähnt. Das Übertreten der Tora, beispielsweise der Sabbatgebote und der Reinheitsvorschriften, wird nicht gerügt. Aus der Art, wie seine Jünger verurteilt worden sein sollen, kann man schließen, daß auch Jesus als ein falscher Interpret der Tora Moses galt. Aber bekämpft wird vor allem eine Christologie, wie sie bei Paulus und im Johannesevangelium erscheint. Der Kampf gegen die Kirche wird gegen Jesus geführt. Das steht im Einklang mit der rabbinischen Tora, die stets bestimmten Lehrern zugeschrieben wird, und im Gegensatz zur formgeschichtlichen Evangelienforschung, welche die produktive Kraft der Gemeinde betont.

Es ist zu prüfen, ob in der talmudischen Berichterstattung die Haltung der Pharisäer gegenüber Jesus und ihr Urteil über die christliche Urgemeinde sachgemäß beurteilt werden: Wären die jüdischen Behörden wirklich gegen Jesus und seine Jünger gerichtlich vorgegangen, hätten sie Deuteronomium 13 in Kraft gesetzt, wenn sie die Macht dazu besessen hätten? Die Antwort auf diese Frage ist in anderen Quellen zu suchen; vor allem kommen dafür die Werke des Flavius Josephus in Frage.

III. Flavius Josephus: Jesus und die frühjüdische Prophetie

1. Das 'Testimonium Flavianum' über Jesus

Das Werk des jüdischen Historikers Flavius Josephus wurde bislang für die Untersuchung des Prozesses Jesu nur unzulänglich verwertet. Diese Tatsache liegt nicht zuletzt in dem Mißtrauen begründet, mit dem man der Person des Flaviergünstlings und vor allem seinem Jesuszeugnis, dem 'Testimonium Flavianum ', begegnete[47]. Nur selten wurde dessen Bedeutung überschätzt, so etwa in

---

[47] Die Bedeutung des Josephus wird richtig beurteilt von A. SCHALIT (ed.), Zur Josephus-

der umfangreichen Jesusdarstellung des jüdischen Autors R. Eisler[48], für die ihr Autor die altrussische Version des 'Jüdischen Kriegs' von Josephus herangezogen hatte. Der in dieser Version enthaltene Bericht über Jesus ist wesentlich umfangreicher als sein Gegenstück im griechischen Text der 'Antiquitates Judaicae' (18,63f.). In einem nach Bellum 2,174 eingefügten Abschnitt wird Jesus als ein Lehrer geschildert, der in den Juden die Hoffnung auf eine Niederwerfung der Römer geweckt und die Volksmengen in Bewegung gebracht hat; Pilatus habe daraufhin, von der jüdischen Obrigkeit aufmerksam gemacht, mit seinen Truppen eingegriffen und viele Menschen getötet, aber Jesus als einen Wohltäter zunächst freigelassen. R. Eisler nahm diese Darstellung zum Anlaß, Jesus als einen Kämpfer für die Erlösung Israels und gescheiterten Messiasprätendenten zu schildern; J. Carmichael hat Eisler's These übernommen und in seinem Buch über den Tod Jesu[49] popularisiert. Aber die textliche Basis für dieses zelotische, politisch-revolutionäre Jesusbild ist nicht tragfähig. Denn die altrussische Version des 'Jüdischen Krieges' geht keinesfalls, wie Eisler glaubte, auf die von Josephus erwähnte, in aramäischer Sprache abgefaßte Zweitfassung des 'Bellum' zurück; ihre Zusätze haben keinen historischen Wert[50]. Dennoch bleibt das Problem der politischen Implikationen des Wirkens Jesu bestehen. Denn sein Ende, der Tod am Kreuz, ist mit dem Schicksal identisch, das die jüdischen Freiheitskämpfer gegen Rom, vor allem die Zeloten, traf[51].

Als Beitrag des Josephus zum Prozeß Jesu kommt zunächst das 'Testimonium Flavianum' der 'Antiquitates' in Frage. Der Kontext, in den es Josephus gestellt hat, beweist, daß er Jesus und die von ihm ausgehende Bewegung als potentiellen Herd politischer Unruhen (στάσεις, θόρυβοι), als einen Störfaktor innerhalb der *pax Augusta*, verstanden hat[52]. Kennzeichnend dafür ist der Betrug an gutgläubigen Menschen, wie er bei der Verführung der Römerin Paulina im Isistempel und vor allem bei der folgenden Geschichte eines Propheten

---

Forschung (Wege der Forschung 84), Darmstadt 1973, S. VII–XVI; vgl. auch die Einleitung zu: Josephus-Studien. Festschrift für O. Michel, ed. O. Betz, M. Hengel, K. Haacker, Göttingen 1974.

[48] Der Untertitel des in Anmerkung 16 erwähnten Buches von Eisler lautet: Die messianische Unabhängigkeitsbewegung vom Auftreten Johannes des Täufers bis zum Untergang Jakobus des Gerechten, nach der neuerschlossenen 'Eroberung von Jerusalem' des Flavius Josephus in den christlichen Quellen dargestellt.

[49] Vgl. Anmerkung 8.

[50] Vgl. dazu W. Bienert, Der älteste nichtchristliche Jesusbericht, Josephus über Jesus unter besonderer Berücksichtigung des altrussischen 'Josephus' (Theologische Arbeiten zur Bibel-, Kirchen- und Geistesgeschichte 9), Halle 1936; J. M. Creed, The Slavonic Version of Josephus' History of the Jewish War, Harvard Theological Review 28 (1932), S. 277–319.

[51] Vgl. M. Hengel, Die Zeloten (Arbeiten zur Geschichte des Spätjudentums und Urchristentums 1), Leiden 2. Aufl. 1975.

[52] Zum Kontext der στάσεις und θόρυβοι vgl. E. Norden, Josephus und Tacitus über Jesus Christus, Neue Jahrbücher für das klassische Altertum, Geschichte und deutsche Literatur 16 (1913), S. 637–666 = Ders., Kleine Schriften zum klassischen Altertum, Berlin 1966, S. 241–275, jetzt in: A. Schalit (ed.), Zur Josephusforschung, a.a.O. S. 27–69, besonders 31–33.

in Samarien deutlich wird; dabei geht es um religiös motivierten Betrug (Antiquitates 18,65—87). Das vor diesen beiden Berichten gebotene Testimonium (18,63f.) steht zu ihnen durch sein positives Bild von Jesus im Widerspruch. Aber wenn man auf seine ursprüngliche Gestalt zurückzugehen sucht, wird dieser Widerspruch weitgehend aufgehoben. Denn der uns jetzt vorliegende Text stammt so kaum von Josephus selbst[53], stellt aber auch nicht als ganzer die spätere Einfügung eines Christen dar[54], sondern ist christlich redigiert. Er hat folgenden Wortlaut[55]:

„Um diese Zeit lebte Jesus, ein Mann voll Weisheit, wenn man ihn überhaupt einen Menschen nennen darf. Er vollbrachte nämlich ganz unglaubliche Dinge und war ein Lehrer derjenigen Menschen, welche gern die Wahrheit aufnehmen; so zog er viele Juden und viele aus dem Griechentum an sich (ἐπηγάγετο). Dieser war der Christus. Als Pilatus ihn auf die Anzeige der bei uns an der Spitze Stehenden hin mit der Kreuzigung bestraft hatte, hörten diejenigen, die ihn zuerst ins Herz geschlossen hatten (οἱ τὸ πρῶτον ἀγαπήσαντες), nicht mit ihrer Zuneigung auf. Er erschien ihnen nämlich am dritten Tag wieder lebend, wie die göttlichen Propheten dies und tausend andere wunderbare Dinge von ihm verkündigt hatten. Noch bis jetzt hat der Stamm der Christen, die nach ihm genannt sind, nicht aufgehört"[56].

Wie im Talmud erscheint Jesus auch hier als ein Lehrer und Wundertäter, wobei freilich die polemische Verzerrung fehlt. Aber es werden Pilatus als der Richter Jesu und das Kreuz als die von ihm verhängte Todesstrafe ausdrücklich erwähnt. Auch die Juden waren nicht unbeteiligt: Jesus war auf die Anzeige ihrer führenden Männer hin von den Römern verurteilt worden. Das wird in einer Sprache erzählt, wie sie die christliche Tradition nicht benützt hat und wie sie wohl zum ursprünglichen Bericht gehört. Aber die bekenntnisartige Würdigung

---

[53] Zur Diskussion über diesen Text vgl. die von A. SCHALIT, a.a.O. S. 417—419 aufgeführte Literatur.
[54] Nach E. NORDEN, a.a.O. ist das ganze Testimonium unecht, nämlich ein später eingefügtes Produkt eines Christen, der in der Maske des Josephus schrieb. NORDEN wandte sich dabei vor allem gegen A. VON HARNACK, der die Echtheit des Testimoniums zu beweisen suchte (Der jüdische Geschichtsschreiber Josephus und Jesus Christus, Internationale Monatsschrift für Wissenschaft, Kunst und Technik 7 [Berlin 1913], S. 1037—1068).
[55] Neuerdings hat S. PINES (An Arabic Version of the Testimonium and its Implications, Jerusalem 1971) bei Agapius, einem christlich-arabischen Schriftsteller des 10. Jhdts., eine Form des Testimonium Flavianum entdeckt, die nicht so prononciert christlich, sondern neutraler gehalten ist. PINES vermutet, diese Form sei vielleicht in einer uns nicht mehr erhaltenen Rezension der Kirchengeschichte des Eusebius enthalten gewesen, habe auch Origenes vorgelegen und dessen dreimal geäußerte Feststellung begründet, Josephus habe nicht an die Messianität Jesu geglaubt (Kommentar zu Matthäus 1,17; Contra Celsum 1,47; 2,13). Merkwürdigerweise fehlt in der Form des Agapius die Mitbeteiligung der Juden am Prozeß Jesu, nämlich die Notiz von der Anzeige der führenden Männer.
[56] Zur Übersetzung und Kennzeichnung der späteren Bearbeitung vgl. C. K. BARRETT, The New Testament Background, London 1956, Übersetzung ins Deutsche von C. COLPE u.d.T.: Die Umwelt des Neuen Testaments (Wissenschaftliche Untersuchungen zum Neuen Testament 4), Tübingen 1959, S. 211f.

Jesu kann so nicht von Josephus stammen, sondern verlangt den Versuch einer Rekonstruktion.

Ich möchte mich dabei vor allem an E. BAMMEL[57] anschließen, dessen Analyse vom Urteil des Origenes ausgeht, Josephus habe nicht an die Messianität Jesu geglaubt[58], andererseits aber bei der Entfernung der christlichen Übermalung sich dennoch eng an die jetzige Textfassung anschließt. E BAMMEL möchte zunächst im bekenntnisartig wirkenden Satz: „Dieser war der Christus" das Hilfsverb (ἦν) einklammern, so daß aus dem Faktum der Messianität Jesu eine ironisch klingende Wendung würde: „. . . Viele Juden und viele aus dem Griechentum zog dieser Christus an sich" (S. 19). Und statt dieses ἐπηγάγετο schlägt BAMMEL ein ursprüngliches ἀπηγάγετο vor: Jesus habe Juden und Griechen von ihrem ursprünglichen Glauben weggeführt und auf seine Seite gebracht (S. 11). Ähnlich habe an der Stelle des Verbums ἀγαπήσαντες ein ἀπατηθέντες = „die Betrogenen" gestanden; nach Celsus war Jesus ein solcher Betrüger, und seine Jünger die ἀπατηθέντες bzw. αὐτοὺς ἀπατήσαντες (S. 14)[59].

Träfen diese scharfsinnigen und gut begründeten Vermutungen BAMMEL's zu, so stimmte Josephus in seiner Beurteilung Jesu mit der den rabbinischen Notizen zugrundeliegenden überein: Jesus wäre ein Verführer (מסית, mesît) und zum Abfall Verleitender (מדיח, maddîªḥ) nach Deuteronomium 13 gewesen. Die Anzeige der führenden Juden, die Jesu Kreuzigung zur Folge hatte, wäre damit eine unbedingt erforderliche, weil von Gott gebotene Maßnahme zum Schutz des jüdischen Volkes gewesen. Dabei setzt Josephus voraus, daß die jüdische Obrigkeit mit der römischen Justiz zusammenwirkte, weil sie selbst nicht das Recht hatte, die im Deuteronomium gebotene Strafe der Steinigung zu vollziehen; nach Bellum 2,117, Antiquitates 18,2 besaß der römische Präfekt die Kapitalgerichtsbarkeit für Judäa.

Nun bilden aber der positiv gehaltene Anfang mit der Weisheit und den wunderbaren Taten Jesu auch der Schluß, der vom Weitergehen seiner Sache auch nach der Kreuzigung berichtet, einen seltsamen Kontrast zu den negativ lautenden Aussagen des rekonstruierten Texts. Gerade das Fortbestehen des Glaubens an einen Gekreuzigten ist ein merkwürdiges Phänomen: „Wir haben eine ganze Reihe von charismatisch-messianischen Bewegungen im 1. und 2. Jhdt. n. Chr., bei denen der gewaltsame Tod des Aufrührers auch das Ende der Bewegung bedeutete. So bei den samaritanischen Propheten, den Pilatus töten ließ, bei Theudas, der als Moses redivivus auftrat, bei dem ehemaligen Sklaven Simon und dem Hirten Athronges, wie auch bei Andreas Lukuas in der Cyrenaika und Ägypten . . . das Scheitern wurde vermutlich als Gottesurteil aufgefaßt"[60]. Die Bewegung Jesu aber ging weiter, wie doch wohl schon der ursprüngliche Text des Testimoniums betont hat. Damit ist unsere Untersuchung über Jesus im Urteil

---

[57] Zum Testimonium Flavianum, in: Josephus-Studien a.a.O. S. 9–22.
[58] Contra Celsum I, 47: . . . καίτοι γε ἀπιστῶν.
[59] Contra Celsum II, 12; BAMMEL, a.a.O. S. 12, zeigt, wie sich der Vorwurf des Betrugs in der Polemik gegen Jesus durchhält.
[60] M. HENGEL, Ist der Osterglaube noch zu retten?, Theologische Quartalschrift 153 (1973), S. 262.

des Josephus noch nicht abgeschlossen; zusätzlich zum Testimonium gilt es, weitere von ihm gegebene Berichte über messianische Propheten anzusehen, deren Namen zum Teil auch im Neuen Testament erscheinen, vor allem beim „Rat des Gamaliel" (Apostelgeschichte 5).

2. Der Rat des Gamaliel und Deuteronomium 18,15−22

Auf dieses im geschichtlichen Scheitern sich offenbarende Urteil Gottes über messianische Bewegungen hatte nach Apostelgeschichte 5,34−39 der berühmte pharisäische Gesetzeslehrer Gamaliel hingewiesen, und zwar gerade auch im Blick auf den hier neben anderen erwähnten Theudas: Das Warten auf das Ende der Wege Gottes sollte die Wahrheit des Christusglaubens der Urgemeinde bestätigt oder aber widerlegt sehen. Nach den Worten des Gamaliel war Theudas vor diesen Tagen mit der Behauptung aufgetreten, „jemand zu sein" (λέγων εἶναί τινα ἑαυτόν); eine Anhängerschaft von vierhundert Leuten habe sich ihm zugesellt (προσεκλίθη). Aber: „Er wurde umgebracht, und alle, die sich von ihm hatten überzeugen lassen, wurden zerstreut und wurden zu nichts" (v. 36). Gamaliel erwähnt dazu als zweites Beispiel den Untergang des Galiläers Judas, wobei er bewußt eine ähnliche Sprache und die gleiche Abfolge der dargestellten Ereignisse benützt: „Judas stand in den Tagen der Schätzung auf und brachte einen Haufen Volkes zum Abfall hinter sich. Er kam um, und alle, die ihm gefolgt waren, wurden zerstreut" (V. 37). Das führt Gamaliel zu folgendem Urteilsschluß: Ist die Bewegung Jesu von Menschen geplant und in Szene gesetzt, wird sie untergehen; kommt sie aber von Gott her, kann und darf sie nicht vom Synhedrium unterdrückt werden (V. 38f.). Jesus wird zwar geschichtlich eingeschätzt wie die Bewegung des Zelotenhauptes Judas und wie der messianische Aufruhr des Theudas. Aber Gamaliel warnt als Pharisäer das sadduzäisch geführte Synhedrium: Wer gewaltsam gegen einen Propheten vorgeht, könnte Gottes Sache im Wege stehen, ein Kämpfer gegen Gott sein (V. 39).

Der berühmte Rat des Gamaliel ist selbstverständlich wie alles, was ein großer Lehrer des Gesetzes (vgl. V. 34) vorträgt, nicht einem eigenen geschichtsphilosophischen Pragmatismus entsprungen, sondern biblisch fundiert. Bei der kurzen Darstellung von Theudas und Judas vermeidet Gamaliel das schroffe Urteil, das die Stelle Deuteronomium 13 nahelegen konnte; nach ihm traten sie nicht etwa demonstrativ als Verführer Israels auf[61]. Ihre Bestrafung war auch nicht, wie dort geboten, die Sache einer sofort zugreifenden jüdischen Justiz. Vielmehr sollte das Urteil Gott als dem Herrn der Geschichte überlassen bleiben. Gamaliel setzt der an Deuteronomium 13 orientierten Spontaneität des Strafvollzugs ein Veto entgegen, das freilich unbeachtet blieb, wie die Steinigung des Stephanus

---

[61] Zwar erinnert die für Judas gebrauchte Wendung V. 37 ἀπέστησεν λαὸν ὀπίσω αὑτοῦ deutlich an das הדיח (hiddi°ḥ) in Deuteronomium 13,11, dazu an das für das Testimonium Flavianum vorgeschlagene Verbum ἀπηγάγετο (S. 18). Dieses hebräische Verbum, das primär die Bedeutung „verstoßen, verjagen, zerstreuen" hat, wirkt auch auf die Schilderung der Katastrophe ein: Die Anhänger wurden „zerstreut" (V. 37 διεσκορπίσθησαν).

zeigt (Apostelgeschichte Kap. 7). Dieses Veto ist meines Erachtens auf die Stelle Deuteronomium 18,15−22 gegründet[62], nach der Gott einen Propheten wie Mose verhieß und dabei auch das Kriterium für dessen Wahrheit angab: Die von ihm eingegebene Botschaft wird eintreffen, sich geschichtlich verwirklichen; spricht aber der Prophet aus eigener Macht, verkündigt er im Namen Gottes, was ihm nicht befohlen wurde, soll er sterben[63]. Dieses „Sterben" hat Gamaliel nicht als gerichtlichen Strafvollzug gedeutet, sondern als das geschichtliche Scheitern, hinter dem die Hand Gottes steht. Die Stelle Deuteronomium 18,15−22 wird jedoch nicht nur als Warnung gegen eine allzu eifrige Justiz gerichtet, sondern auch gegen den Anspruch der frühjüdischen Propheten selbst. Theudas wollte nämlich ein Prophet wie Mose sein. Sein Anspruch, den Gamaliel mit der scheinbar vagen, aber doch bedeutungsvollen Wendung εἶναί τινα ἑαυτόν[63a] beschrieb, war auf diese Verheißung Deuteronomium 18,15−18 gebaut, sollte ein Hinweis auf den von Gott gesandten Mosegleichen Propheten und Befreier Israels sein. Eben deshalb wies Gamaliel auf diese Stelle, die den gescheiterten Propheten als einen falschen, eigenmächtigen, Verkündiger enthüllt: Er kam um, seine Bewegung hörte auf.

3. Die falschen Propheten nach Josephus: Deuteronomium 13 und 18 als Kriterien

Wie Gamaliel hat auch Josephus den in Deuteronomium 18 gebotenen Maßstab an Männer angelegt, denen er den Anspruch von Propheten zuschreibt; Theudas zählt dazu. In ihrem Falle wird ein Schema der Darstellung angewendet, das von dem des Testimoniums sich insofern unterscheidet, als eine eindeutig negative Charakteristik das Ende des jeweiligen Propheten und damit das Urteil der von Gott gelenkten Geschichte ahnen läßt. Auf dieses Urteil kommt letztlich alles an, obwohl Josephus es nur selten theologisch artikuliert.

Noch vor Theudas hat Josephus von einem Propheten in Samarien erzählt, und zwar im Zusammenhang mit den Problemfällen in der Zeit des Pilatus, zu denen er auch Jesus und dessen Bewegung zählt (Antiquitates 18,85−87). Der

---

[62] Wie Deuteronomium 13 so wurde diese Verheißung in die Tempelrolle 11 Q Miqdasch von Qumran aufgenommen, was ihre Aktualität für die neutestamentliche Zeit beweist (Kolumne 60,01−07; 1−5; vgl. Y. YADIN, a.a.O. II, S. 194f.).
[63] ומת הנביא (úmet hannabiʾ) bewußt aufgenommen von Gamaliel in V. 36 zu Theudas ... ὃς ἀνῃρέθη und V. 37 zu Judas: κἀκεῖνος ἀπώλετο.
[63a] Die Sendungsvollmacht Jesu wurde von ihm mit der Selbstbezeichnung (ὁ) υἱὸς (τοῦ) ἀνθρώπου = בר אנש (bǎr ᵃnāš) = „Mensch", „irgendeiner" ähnlich umschrieben. Gott selbst wird solch eine formal unbestimmte Auskunft konkretisieren, inhaltlich füllen, wenn die Stunde dieses Propheten bzw. Messias gekommen ist. Vgl. dazu ob. in diesem Band (ANRW II 25,1) R. LEIVESTAD, Jesus − Messias − Menschensohn. Die jüdischen Heilandserwartungen zur Zeit der ersten römischen Kaiser und die Frage nach dem messianischen Selbstbewußtsein Jesu, S. 220−264, und H. BIETENHARD, „Der Menschensohn" − ὁ υἱὸς τοῦ ἀνθρώπου. Sprachliche und religionsgeschichtliche Untersuchungen zu einem Begriff der synoptischen Evangelien, S. 265−350.

Unruhestifter in Samarien war „ein Mann, der es mit der Lüge leicht nahm und in allen seinen Machenschaften auf das Vergnügen der Menge spekulierte" (§ 85). Er befahl, man solle ihm auf den Berg Garizim folgen, wo er die heiligen Geräte, die dort seit Moses Zeiten vergraben lägen, zeigen werde (§ 85). Aber bevor eine große Volksmenge, die ihm geglaubt und sich dort in Waffen versammelt hatte, zum Berg hinaufsteigen konnte, verlegte ihr Pilatus mit Reitern und Schwerbewaffneten den Weg, schlug sie in die Flucht und ließ dabei viele gefangennehmen; die Anführer und Vornehmsten brachte er um (§ 86 f.). Trotz des im Voraus gegebenen negativen Urteils über diesen Propheten verrät die Darstellung des Josephus noch das ursprüngliche biblische Motiv: Der Samaritaner hielt sich für den in Deuteronomium 18,15 verheißenen Propheten, der die große Zeit Israels unter Mose wieder heraufführen und mit der Wiederentdeckung von Zelt und Lade die helfende Gegenwart Gottes sichern wollte. Diese scheinbar rein religiös verstandene Aktion enthielt auch ein politisches Moment, das bei den Römern den Verdacht des Aufruhrs hervorrief: Der zweite Mose sollte wie der erste auch Erlöser sein und das Gottesvolk von der Knechtschaft befreien. Wieder bewies das Scheitern dieses Unternehmens, daß hier kein Prophet Gottes, sondern ein Mensch aus eigener Macht gehandelt hatte (Deuteronomium 18,21 f.).

Unter dem nächsten Präfekten, Cuspius Fadus (44–46 n. Chr.), trat der von Gamaliel erwähnte Theudas auf (Antiquitates 20,97–99). Josephus nimmt wie beim Samaritaner das negative Urteil vorweg: Theudas war ein Betrüger (γόης)[64]. Dieser Begriff meint bei Josephus den unrechtmäßigen, eigenmächtigen Propheten, der mit seinem Anspruch das Volk verführt und das Verbrechen des מדיח (maddîªḥ) von Deuteronomium 13 begeht. Josephus behauptet, Theudas habe sich direkt als Propheten ausgegeben (§ 97): προφήτης γὰρ ἔλεγεν εἶναι; richtiger ist die umschreibende, geheimnisvoll klingende Angabe, „jemand zu sein" (Apostelgeschichte 5,36). Seinen prophetischen Anspruch wollte Theudas durch ein wunderbares Zeichen beglaubigen. Er überredete das Volk, ihm an den Jordan zu folgen: er werde den Fluß spalten und einen leichten Übergang ermöglichen (§ 97). Vorbild des Theudas war Josua, der nach Josua 3,14 f. den Jordan gespalten und Israel trockenen Fußes ans andere Ufer geführt hatte (vgl. auch 2. Könige 2,8). Dieses Wunder hätte den Beweis erbracht, der in Deuteronomium 18,15 verheißene Prophet wie Mose sei erschienen. Aber auch hier griff die römische Kavallerie ein, brachte viele um oder nahm sie gefangen. Theudas selbst wurde enthauptet (§ 98), und damit war das Urteil der Geschichte über ihn gesprochen.

Analog beurteilt wird der Auftritt eines aus Ägypten kommenden Juden, der unter dem Prokurator Felix (58–60) vor Jerusalem erschien (Bellum 2,261–263; Antiquitates 20,169–172). Josephus schließt ihn jeweils einem Sammelbericht an (Bellum 2,258–260; Antiquitates 20,167–168): Schwindler (πλάνοι ἄνθρωποι, γόητες Antiquitates 20,167) und Betrüger (ἀπατεῶνες ibid.) hätten das Volk in die Wüste gelockt mit dem Versprechen, unzweideutige, im Einklang

---

[64] Im klassischen Griechisch ist γόης der Zauberer, aber schon bei Philo der falsche Prophet (De Specialibus Legibus I, 315). Der Gegensatz ist dort wie bei Josephus der Prophet (ὁ προφήτης), der von Gott gesandt ist. Vgl. Antiquitates 20,68 und Bellum 2,261.

mit Gottes Vorhersehung stehende, Zeichen und Wunder auszuführen[65]. Das ist die Sprache von Deuteronomium 13,2f., die Josephus hellenisierend weiterführt: „Sie riefen unter dem Vorwand göttlicher Eingebung Unruhe und Aufruhr hervor und versetzten die Menge durch ihr Wort in dämonische Begeisterung" (Bellum 2,259). Felix machte wieder dem Treiben durch den Einsatz von Reitern und Schwerbewaffneten ein Ende (ibid. 2,260), was Josephus als Bestrafung der Torheit bezeichnen kann (Antiquitates 20,168). Den Ägypter führt Josephus im ʽBellumʼ als falschen Propheten ein (ψευδοπροφήτης), ferner als einen Schwindler (γόης), der sich die Glaubwürdigkeit eines Propheten zulegte (προφήτου πίστιν ἐπιθείς 2,261); in den ʽAntiquitatesʼ, die nicht mehr auf das Interesse des römischen Herrscherhauses zielen, sondern das jüdische Volk ansprechen sollen, hält Josephus mit seinem Urteil zurück und schraubt auch das Ausmaß des angerichteten Unheils herab[66]. Der ägyptische Jude versprach seiner auf dem Ölberg versammelten Anhängerschaft, er werde von dort aus zeigen, daß die Mauern Jerusalems auf seinen Befehl hin einstürzten und den Juden den Zugang ermöglichten (Antiquitates 20,170). Wieder sollte die Verheißung Deuteronomium 18,15.18 in die Tat umgesetzt, aber nun das Wunder Josuas vor Jericho auf endzeitlicher Ebene wiederholt werden. Als Zeichen der anhebenden Befreiung sollte es den ägyptischen Juden legitimieren und seine von Gott ausgehende Sendung öffentlich erweisen. Auch diese Demonstration wurde vom Procurator Felix als Aufstand eingeschätzt und durch den Einsatz von Truppen gewaltsam beendet (20,171); der Prophet selbst entkam auf wunderbare Weise, „er wurde unsichtbar" (20, 172)[67]. Schon aus diesem Grunde hält Josephus mit der negativen Bewertung zurück; das göttliche Urteil fiel nicht eindeutig aus. Nach dem ʽBellumʼ (2,263) soll sich auch das jüdische Volk an der Abwehr des Ägypters und seines Anhangs beteiligt haben; das klingt recht unwahrscheinlich.

Selbst die Katastrophe des Ersten Jüdischen Krieges mit der Zerstörung des Tempels im Jahre 70 n. Chr. hat dem Auftreten jüdischer Freiheitspropheten keinen Abbruch getan, wenigstens nicht in der Diaspora. Am Ende des ʽBellumʼ erzählt Josephus ausführlich von einem Weber Jonathan, der nach Beendigung des Krieges in Palästina die Sache der Sikarier unter den Juden der Cyrenaika fortsetzen wollte und dabei mit ähnlichen Versprechungen wie die palästinischen Propheten auftrat (7,437–453). Josephus kennzeichnet ihn von vornherein als einen besonders schlechten Menschen (§ 437), der viele, vor allem arme, Juden für sich gewinnen konnte, indem er ihnen „Zeichen und Erscheinungen" in der

---

[65] δείξειν γὰρ ἔφασαν ἐναργῆ τέρατα καὶ σημεῖα Antiquitates 20,167; Bell. 2,260 σημεῖα ἐλευθερίας. Der Sammelbericht des Josephus erinnert an Matthäus 24,11.24; vgl. auch die Damaskusschrift von Qumran (CD 5,20): Leute standen auf, die Israel in die Irre führten, und das Land wurde zur Wüste.

[66] Im Bellum 2,261.263 erzählt er von 30000 Anhängern, von denen die meisten getötet oder gefangen wurden; nach Antiquitates 20,171 waren es 400 Erschlagene und 200 Gefangene; Lukas spricht von 4000 (Apostelgeschichte 21,38).

[67] So konnte es geschehen, daß nach Apostelgeschichte 21,38 der Apostel Paulus in Jerusalem verdächtigt wurde, dieser Ägypter zu sein. In der späteren Forschung wurde er gelegentlich mit dem Ben Stada des Talmud (b Schabbat 104b) identifiziert (R. T. HERFORD, Christianity in Talmud and Midrash, London 1903, S. 345 Anm. 1).

Wüste versprach (§ 438). Wieder griffen römische Truppen die wehrlose Menge an, doch auch hier entkam der Anstifter, wurde dann aber später doch entdeckt (§ 440f.). Er konnte sich durch verleumderische Verdächtigung vieler angesehener und reicher Juden, die diesen das Vermögen und Leben kostete, zunächst der Bestrafung entziehen (§ 442—446). Aber vom Gericht des Kaisers in Rom wurde der Sachverhalt aufgedeckt und der Übeltäter Jonathan nach der Geißelung bei lebendigem Leibe verbrannt (§ 450). Der schwerste Schaden wurde dem jüdischen Volk nicht durch Verblendung und eigenmächtiges Handeln, sondern durch böswillige Schurkerei angetan, daran hatte sich auch der römische Präfekt der Cyrenaika beteiligt. Weil dieser vor dem Kaisergericht straflos ausging, erzählt Josephus von einer Art von Gottesgericht: Der Präfekt starb bald darauf unter gräßlichen Umständen an einer schweren Krankheit, nach Josephus „ein Beweis wie kaum ein anderer, daß die Vorsehung Gottes den Übeltätern gerechte Strafe auferlegt" (§ 451—453).

Mit diesem Satz schließt Josephus seine Berichterstattung im 'Bellum'. Man könnte noch die Gestalt des Bar Kochba anfügen, den Josephus nicht mehr erlebte. Er hat in den Jahren 132—135 n. Chr. noch einmal die Hoffnung Israels auf Erlösung geweckt und in einem zweiten großen Aufstand gegen Rom die zentrale Rolle gespielt. Nach rabbinischem Urteil hätte er sich selbst als Messias verkündigt, aber diesen Anspruch nicht bewahrheitet und deshalb den Tod erlitten (Babylonischer Talmud Sanhedrin 93b). Historisch richtig ist, daß man diese Erwartungen an ihn herangetragen und der große Lehrer Aqiba den Namen „Bar Kochba" = „Sternensohn" gefunden hat.

4. Die wahren Propheten nach Josephus: Ihr Schicksal und die göttliche Gerechtigkeit

Nun bietet Josephus auch charismatische Gestalten, die er trotz ihres gewaltsamen Todes durchaus positiv einschätzt, so etwa Johannes den Täufer, dann den Propheten Jesus, Sohn des Ananias, und bis zu einem gewissen Grade auch Jakobus, den Bruder Jesu. Zu fragen wäre, wie er mit ihrem Schicksal theologisch fertig wurde, ferner, ob von ihrer Darstellung her Licht auf das ursprüngliche Testimonium Flavianum und den Tod Jesu fällt.

Formal und inhaltlich ähnlich wie der Jesusbericht ist der über Johannes den Täufer (Antiquitates 18,116—119). Zunächst einmal wird das gleiche Schema der Darstellung angewendet: Die Person und ihr Wirken, ihr Ende und dessen geschichtliche Bedeutung werden aufgezeigt. Johannes war „ein guter Mann"[68], und wie bei Jesus wird die Lehre von einem sie bestätigenden, zeichenhaften Tun begleitet[69], hier der Taufe; beide Männer werden vom Volk begeistert

---

[68] Von Johannes § 117: ἀγαθὸς ἀνήρ, von Jesus § 63: σοφὸς ἀνήρ, eine semitisierende Diktion = איש חכמה (ʾiš ḥåkmā).

[69] § 117; vgl. von Jesus § 63: παραδόξων ἔργων ποιητής, διδάσκαλος ἀνθρώπων.

aufgenommen[70]. Bei Johannes wird der Verdacht politischer Gefährlichkeit offen geäußert: Herodes Antipas befürchtete, die Predigt dieses Mannes könne zum Aufruhr führen (στάσις, μεταβολή § 118), und beschloß deshalb dessen Gefangennahme und Hinrichtung (ibid.). Ein Teil des Volkes war mitschuldig am Tod des Täufers, weil es dessen Lehre in politisch-revolutionärem Sinne mißverstand und so den Verdacht des Aufruhrs heraufbeschwor; in Wahrheit war Johannes ein Tugendprediger, der seine Hörer zu Gerechtigkeit, Frömmigkeit und Reinheit der Seele anhielt (§ 117). Aber Josephus hat hier durch eine hellenisierende Deutung der johanneischen Bußpredigt deren eschatologische und auch politisch relevante Ausrichtung verdeckt. Denn das vom Täufer verkündigte nahe Gottesgericht mußte gerade auch einen so selbstherrlichen und verweltlichten Herrscher wie Herodes Antipas treffen. Nach Markus 6,14–19 scheute Johannes auch vor einer konkreten Kritik des Herodes durchaus nicht zurück; das Volk hatte ihn demnach besser begriffen, als Josephus dies wahrhaben wollte. Ähnlich sollte die von Jesus verkündigte Gottesherrschaft eine völlige Umkehrung der bestehenden Verhältnisse bringen (Matthäus 5,3–12), weshalb auch er sich den Haß des Herodes zuzog (Lukas 13,31–33). Vielleicht hat Herodes, als er gegen den Täufer vorging, das in Deuteronomium 13 geforderte Verhalten geltend gemacht, worauf das in Lukas 7, 33 zu findende Urteil über Johannes weisen könnte: „Er hat einen Dämon"; d. h., er ist nicht von Gott gesandt, sondern vom Teufel beherrscht (vgl. Lukas 7,26).

Josephus dachte anders. Er verschweigt zwar die Tatsache, daß das gewaltsame Ende des Täufers der von ihm ausgelösten Bewegung keinen Abbruch tat (vgl. Apostelgeschichte 19,1–6). Er bringt aber die Nemesis der Geschichte, die Gerechtigkeit Gottes, auf andere Weise zum Ausdruck: Unter den Juden glaubte man, die vernichtende Niederlage des jüdischen Heeres durch den Herodesfeind und Araberkönig Aretas sei die Strafe, die Gott wegen des Todes des Täufers an Herodes vollzog (§ 116;119). Eben wegen dieser zweimal erwähnten communis opinio hatte Josephus den Bericht über Johannes den Täufer gebracht.

Es ist klar, daß das Jesuszeugnis und der Johannesbericht des Josephus eng miteinander verwandt sind. Ist das erstere dem letzteren nachgebildet, hat ein christlicher Autor von sich aus ein Jesuszeugnis nach dem Vorbild der Johannesdarstellung geschaffen und in die 'Antiquitates' eingefügt? Aber auch Josephus muß von Jesus gesprochen haben, wie seine Charakteristik des Jakobus zeigt (Antiquitates 20,200); andererseits hätte kein Christ ein Jesuszeugnis in den Kontext der Unruhen unter Pilatus gestellt.

In Bellum 6,300–309 erzählt Josephus vom Schicksal des Unheilspropheten Jesus, des Ananias Sohn, der erstmals vier Jahre vor dem Ausbruch des Jüdischen Krieges in Jerusalem auftrat, das damals noch Frieden und Wohlstand genoß (§ 300). Dieser Jesus verkündigte von da an ununterbrochen durch monotone Weherufe das Gericht über die Stadt, den Tempel und das ganze Volk, dessen Ankündigung er von einer himmlischen Stimme zu vernehmen glaubte (§ 301). Er

---

[70] Sie nahmen mit Freude (ἡδονῇ) das Wahre auf (von Jesus § 63). Von Johannes § 118: Sie wurden beim Hören seiner Reden aufs Höchste erhoben (ἤρθησαν).

wurde zunächst von Juden durch Schläge gezüchtigt, die er schweigend ertrug (§ 302), und dann vor den römischen Prokurator Albinus geführt, der ihn durch Geißelhiebe zerfleischen ließ, aber nichts über seine Person und den Grund seiner Botschaft erfahren konnte; Jesus antwortete nicht. Albinus urteilte schließlich, einen Verrückten vor sich zu haben, und ließ ihn frei (§ 304 f.). Jesus aber ließ weiterhin seine Weherufe erschallen „wie ein eingelerntes Gebet" (§ 306), bis er schließlich bei der Belagerung Jerusalems durch das Geschoß einer römischen Wurfmaschine ums Leben kam (§ 306–309). Diese Geschichte des Rufers vor dem Ende wird mit einer inneren Anteilnahme erzählt, die den griechisch gebildeten Lesern ein Grauen vor dem unerbittlichen Gang des Schicksals einflößt und Mitleid mit diesem merkwürdigen Manne weckt, der das Martyrium von einer ungläubigen Obrigkeit standhaft ertrug und in dem Augenblick starb, als seine Unheilsbotschaft Wirklichkeit zu werden begann; so wurde er zum Opfer der von ihm gepredigten Wahrheit. Josephus stellt das Sendungsbewußtsein dieses Jesus psychologisch durch die Festigkeit des Charakters, das Festhalten an der von Gott gegebenen Botschaft und auch durch das Schweigen vor einem Gericht dar, das eine göttliche Berufung als Gotteslästerung oder als Wahnsinn verurteilen mußte. Daß dieser Jesus aber in Gottes Auftrag handelte und nicht etwa eigene Ideen aussprach, erhellt aus der Art des Auftretens und der Art der Botschaft, die an Unheilspropheten wie Amos und Jeremia, dazu an Jesaja 50 und 53 erinnern, schließlich aus seinem Schicksal, das Eigenmächtigkeit und Egoismus ausschließt. Josephus hat sich selber als einen von Gott erwählten Boten verstanden, der Israels Untergang zu verkündigen hatte (Bellum 3,351–353). Er stellt das Auftreten dieses Jesus in eine Reihe von Vorzeichen, welche von Gott den Juden gegeben waren[71]. Sie wurden durch die Heilsbotschaft von Verführern und Betrügern überspielt, die „sich fälschlich als Gesandte Gottes ausgaben" (Bellum 6,288). Das Volk ließ sich von ihnen beschwatzen, während es für die Warnungen Gottes blind und taub blieb (ibidem). Die bereits erwähnten biblischen Kriterien[72] stehen auch hier unausgesprochen im Hintergrund: Nach Deuteronomium 18,20–22 erweist sich die Wahrheit der Sendung eines Propheten dadurch, daß sich seine Botschaft erfüllt. Der Tod dieses Jesus, der bei der Belagerung Jerusalems erfolgte, sprach nicht gegen ihn, sondern entlarvte die Optimisten als verblendete Menschen und widerlegte die jüdischen Richter, die in ihm einen falschen Propheten sahen[73].

---

[71] Bellum 6,288: τὰ τοῦ θεοῦ κηρύγματα.
[72] Zum rechten Verstehen der Warnungen Gottes bedarf man nach Bellum 6,291 der Kenntnis der Heiligen Schrift.
[73] Vgl. Bellum 6,303: δαιμονιώτερον τὸ κίνημα. Vgl. dazu die gegen Jesus von Nazareth erhobenen Vorwürfe Markus 3,22: „Er treibt die Dämonen durch den Obersten der Dämonen aus", dazu Johannes 10,20: „Er hat einen Dämon". Und zum Eindruck des Albinus: καταγνοὺς μανίαν § 305 vgl. Markus 3,21: ἐξέστη, und Johannes 10,20: μαίνεται. Auch D. FLUSSER, a.a.O. S. 130–134 verbindet den Prozeß Jesu mit dem Schicksal des Jesus, Ananias Sohn. Nach seiner Ansicht hat die prophetische Drohung gegen den Tempel, die Jesus wohl bei der Tempelreinigung geäußert hatte, die ausschlaggebende Rolle beim Prozeß gespielt. Die Auslieferung der Unheilspropheten an die

Im Blick auf den Prozeß Jesu von Nazareth, der rund vierzig Jahre vor dem Tod dieses Unheilspropheten Jesus, des Ananias Sohn, stattfand, ist einmal wichtig, daß auch der erstere den Untergang des Tempels verkündigt hatte (Markus 13,2); ja ein Wort über den Tempel spielt im Prozeß Jesu die entscheidende Rolle (Markus 14,58). Bemerkenswert ist ferner die ähnliche Haltung, da auch Jesus von Nazareth zu diesem Tempelwort vor seinen Richtern schwieg (Markus 14,60). Schließlich fällt das Zusammenwirken der jüdischen Obrigkeit[74] mit dem Gericht des römischen Prokurators, hier Albinus, dort Pilatus auf; die entsprechende Angabe des Testimonium zum Fall Jesu ist also nicht etwa christlich eingefärbt. Beide Gerichte wendeten beim Unheilspropheten Stockschläge bzw. die Geißelung an; das ist die Abschreckungsstrafe für die des Aufruhrs Verdächtigten, zu denen auch die Jünger der christlichen Urgemeinde zählten[75]. Aber anders als Jesus von Nazareth wurde dieser Unheilsprophet Jesus nach der Geißelung nicht etwa gekreuzigt, sondern freigelassen; das beweist, daß die Schuld des ersteren in den Augen des römischen Richters größer gewesen sein muß.

Was auch in dieser Erzählung verdeckt bleibt, ist der eschatologische Grundton der Botschaft, ihr Ausblick auf das Endgericht und der Ruf zur Umkehr, den sie impliziert. Die angekündigte Zerstörung von Stadt und Tempel sind Zeichen des Zornes Gottes, der Tatsache, daß er „sein Gesicht vor Israel und seinem Heiligtum verbirgt und sie dem Schwert preisgibt" (Damaskusschrift 1,3f.). Auch Jesus, der Sohn des Ananias, setzte, wie lange vor ihm Jesus von Nazareth, das Wirken Johannes des Täufers fort. Wie dieser wollte er nur Medium einer Stimme sein, Stimme eines Rufers in der Wüste (vgl. Johannes 1,19–23).

Anders als beim Unheilspropheten Jesus führte die Hinrichtung des Herrnbruders Jakobus zu einem Konflikt zwischen der jüdischen Obrigkeit und der römischen Administration, zwischen dem Hohenpriester und dem Prokurator. Nach Antiquitates 20,200–203 hatte Ananos (= Hannas), der Sohn des gleichnamigen, aus dem Prozeß Jesu bekannten Hohenpriesters, das Intervall zwischen den Prokuratoren Festus und Albinus dazu benützt, den „Jakobus, den Bruder Jesu, des sogenannten Christus" wegen Übertretung der Gesetze anzuklagen und durch Steinigung hinzurichten (§ 200)[76]. Über dieses Vorgehen beschwerten sich

---

römische Behörden erklärt FLUSSER mit der Tatsache, daß die Römer die örtlichen Kultstätten und die Ausübung des Kultes geschützt hätten (S. 134.146f.).

[74] Josephus spricht § 302 von τῶν δὲ ἐπισήμων τινὲς δημοτῶν § 303: οἱ ἄρχοντες; im Testimonium: οἱ πρῶτοι.

[75] Apostelgeschichte 5,40; vgl. 22,24: Vom jüdischen Gericht wurden Stockschläge (die Vierzig weniger eins, Mischna Traktat Makkot) verhängt. Paulus, der bei seiner Festnahme in Jerusalem für den aus Ägypten kommenden und entflohenen Sikarierführer gehalten wurde, sollte von den Römern gegeißelt werden, was ihm aber durch den Hinweis auf sein römisches Bürgerrecht erspart blieb (Apostelgeschichte 22,23ff.). In 2. Korinther 11,24 aber sagt er, von den Juden habe er fünfmal die 40 Stockschläge weniger einen erhalten.

[76] S. D. F. BRANDON hat diese Hinrichtung als rein politisch motivierten Akt beurteilt; nur deshalb hätten die Römer eingegriffen (Jesus and the Zealots, a.a.O. S. 116–126.168ff.). Aber die Strafe der Steinigung gilt dem religiösen Vergehen.

die „besonders fairen und um die genaue Befolgung der Gesetze besorgten" Bewohner der Stadt, und zwar sowohl beim jüdischen König Agrippa II. als auch beim neu ernannten und auf dem Weg nach Jerusalem befindlichen Prokurator Albinus: Schon die Einberufung des Synhedriums sei ohne die Zustimmung des Prokurators illegal (§ 201 f.). Durch einen ungnädigen Brief des Albinus wurde Agrippa gezwungen, den von ihm ernannten Hohenpriester nach nur dreimonatiger Amtszeit wieder zu entlassen (§ 203).

In diesem Bericht fehlt das Urteil des Josephus über den Herrenbruder Jakobus. Die Frage seiner Schuld oder Unschuld wird nicht erörtert; das eigenmächtige Vorgehen des Hohenpriesters steht zur Debatte. Dieser war offensichtlich noch nicht von der römischen Verwaltung anerkannt und zur Einberufung des Synhedriums nicht berechtigt. Der Fall des Jakobus verrät nicht nur die starke Abhängigkeit des Hohenpriesters von Rom, sondern auch den Unterschied zwischen sadduzäischer und pharisäischer Rechtsauffassung, d. h. der Auslegung der Tora. Josephus hat darauf deutlich hingewiesen: „Ananos folgte der Partei der Sadduzäer, die bei gerichtlichen Entscheidungen härter sind als alle anderen Juden, wie wir bereits erklärt haben" (§ 199, vgl. Antiquitates 13,294). Die gegen Ananos protestierenden Gesetzestreuen waren sicherlich Pharisäer, denen Jakobus keiner todeswürdigen Toraübertretung schuldig zu sein schien. Wahrscheinlich aber war Ananos unter Berufung auf Deuteronomium 13 gegen Jakobus vorgegangen.

Hier wird eine andere Haltung der Pharisäer gegenüber der Jesusbewegung sichtbar, als sie im Talmud zu Ausdruck kommt. Dort ist alles unter die Maxime von Deuteronomium 13 gestellt, welche neben Deuteronomium 21,22f. das sadduzäisch geleitete Synhedrium, weniger die pharisäischen Frommen, bestimmt und zum entschlossenen Eingreifen gegen Jesus und dessen Jünger veranlaßt hat. Der gegen Ende des 1. Jhdts. erfolgte völlige Bruch zwischen Kirche und Synagoge ließ die abwartende, tolerantere Haltung des Anfangs in den Hintergrund treten. Der christliche Glaube galt nunmehr als Ketzerei; folglich mußte man rückblickend in Jesus einen Verführer des Volkes sehen, für den es nach Deuteronomium 13 keine Schonung gab.

Josephus selbst wendet bei der Darstellung der charismatisch-messianischen Gestalten das alte pharisäische Urteil an: Die Geschichte gilt als das Weltgericht, bei dem Gott das Urteil spricht, und zwar nach dem Maßstab, den er in der Heiligen Schrift geoffenbart hat. Die prophetischen Befreier haben dieses Urteil selbst herausgefordert: Ihr Sendungsbewußtsein sollte an den in Deuteronomium 18,15–22 von Gott gegebenen Kriterien gemessen werden. Deshalb versprachen sie auch „Zeichen", d. h. Wunder, die sich analog zu biblisch bekannten Akten vollzogen, in welchen sich die helfende, erlösende Gegenwart Gottes geoffenbart hat, z. B. in den Wundern der Zeit Moses und Josuas. Mit solchen Zeichen wollten sie gleichsam vorwegnehmen, was der Gang der Geschichte bewahrheiten sollte, nämlich die Tatsache ihres von Gott gegebenen Auftrags und der anbrechenden Erlösung. Im Scheitern der Charismatiker sieht Josephus das „Nein" Gottes ausgesprochen: Sie haben den Beweis nicht erbracht, Gottes Boten zu sein, ihn auf ihrer Seite zu haben; ihre Predigt von Gericht und Erlösung war selbst erdacht und nicht Gottes Wort (vgl. Deuteronomium 18,20f.). Sie erwiesen sich somit als falsche Propheten, und Gott selbst vollzog die Strafe, die nach Deuteronomium 13 ein Verführer des Volkes verdient hat.

5. Das Charisma Jesu: Der messianische Dienst

Von diesem Hintergrund her muß man auch das Auftreten Jesu und seine Verurteilung durch die jüdischen und römischen Richter sehen. Auch Jesus wußte sich von Gott gesandt und verstand sich als das von ihm erwählte Werkzeug der Erlösung Israels; er kündigte das große Gnadenjahr des Heils an (Lukas 4,18 f. nach Jesaja 61,1 f.). Und doch unterschied er sich von den charismatischen Messiasprätendenten. Sein Selbstbewußtsein war auch anders als das des Täufers: Jesus wollte nicht nur der letzte Rufer vor dem Ende und der Bote des sich nahenden Gottesreichs sein, sondern auch der Bringer der Befreiung; er war der Gesalbte, in dem der Geist Gottes, die Kraft der neuen Zeit, wirksam war (Matthäus 11,1–5; 12,28). Er bezeichnete sich verhüllend als „Menschensohn", d. h. als Beauftragten der Endzeit, der den sendenden Gott mit Vollmacht unter den leidenden Menschen vertritt (Markus 2,10, vgl. Psalm 103,3). Und anders als die sogenannten ‚Pseudopropheten' wollte er sich nicht durch spektakuläre Wunder der Mosezeit legitimieren[77]; nur im Johannesevangelium werden „Zeichen" (σημεῖα) berichtet, durch die sich der messianische Gottessohn offenbart. Charakteristisch für Jesu Handeln waren Wunder, mit denen er Notleidenden, Kranken und Trauernden half[78]. Aber man hat auch von Jesus legitimierende „Zeichen" erwartet (Markus 8,11; vgl. Lukas 23,8). Und in den synoptischen Evangelien werden von ihm Taten wie die Sturmstillung und die Brotvermehrung erzählt, die – wie die Zeichen der charismatischen Befreier – an die Zeit Moses erinnern, an die Rettung Israels am Schilfmeer und die Mannaspeisung in der Wüste[79]: Wie Theudas versprach, so brachte Jesus die Jünger wunderbar ans andere Ufer; das Speisungswunder weckte den Wunsch nach einem „Zeichen" (Markus 8,11) oder löste das Bekenntnis zum Propheten aus (Johannes 6,14 f.). Aber die messianische Seite dieser Wunder wurde übersehen, und in entscheidenden Augenblicken hat Jesus ein ihn enthüllendes „Zeichen" verweigert[80]. Bei den Pseudopropheten wird an der Stelle, an der die Erfüllung des Versprechens und der Vollzug des Wunders

---

[77] Legendärer Ausdruck dafür ist die Versuchungsgeschichte, wie sie Matthäus 4,1–11 par. erzählt wird.
[78] Zu den Wundern und Zeichen Jesu vgl. O. BETZ – W. GRIMM, Wesen und Wirklichkeit der Wunder Jesu (Arbeiten zum Neuen Testament und Judentum 2), Frankfurt–Bern 1977.
[79] Markus 4,35–41; 6,34–51. Vgl. dazu meinen Aufsatz: The Concept of the So-Called 'Divine Man' in Mark's Christology, in: Studies in New Testament and Early Christian Literature. Essays in Honor of Allen Wikgren, ed. DAVID E. AUNE (Novum Testamentum Suppl. 32), Leiden 1972, S. 229–240. Dazu: Das Problem des Wunders bei den Rabbinen, bei Flavius Josephus und im Johannesevangelium, in: Josephus-Studien (vgl. o. Anm. 47), S. 23–44.
[80] Das Wort vom Tempelbau Markus 14,58 steht an der Stelle eines solchen Zeichens; auch der Hinweis auf die kommende Inthronisation (Markus 14,62) soll ein Zeichen erübrigen.

stehen müßten, vom vernichtenden Angriff der römischen Truppen erzählt. Der Prophet und die ihm folgende Menge wurden offensichtlich von dieser Wendung der Dinge so überrascht, daß sie keinen Widerstand leisteten; die meisten hatten wohl die Katastrophe als ein Urteil Gottes akzeptiert. Auf die Verhaftung Jesu im Garten Gethsemane haben seine Jünger ähnlich reagiert; sie verließen ihn und flohen (Markus 14,50). Ihr Glaube an den Meister brach in diesem Augenblick zusammen; die Erscheinung des auferstandenen Herrn war deshalb mit einer erneuten Berufung verknüpft (Johannes 20, 21–23; 21, 15–17; vgl. 1. Korinther 9,1f.).

Aber im Garten Gethsemane war es zu keinem Blutbad gekommen. Ein bedrohlich wirkender Volkshaufe[81] fehlte, römische Truppen waren nicht beteiligt, obwohl sie gerade zur Passahzeit in verstärkter Zahl und erhöhter Bereitschaft in Jerusalem stationiert waren. Nur die Tempelpolizei hatte eingegriffen, und sie ließ die Jünger entfliehen. Beim Auftreten von Jesus haben die Symptome von στάσις und θόρυβος gefehlt. Nicht das politisch befreite, sondern das durch Umkehr für Gott bereite Israel war der legitime Empfänger der Gottesherrschaft, die dann freilich – als Gottes Werk! – auch der Herrschaft Roms ein Ende setzen würde. Das Kommen der Gottesherrschaft kann nicht mit Gewalt und militärischen Mitteln erzwungen werden, wie das die Zeloten wollten, sondern setzt veränderte Gesinnung und eine neue, bessere Gerechtigkeit voraus (Matthäus 5,20; 6,33). Deshalb war auch der größte Teil der Juden von Jesus enttäuscht. Andererseits ging gerade aus diesem Grunde die Sache Jesu weiter, auch nach der Flucht der Jünger und der Kreuzigung.

6. Die Reaktion der jüdischen Behörde

Wichtig ist auch die Reaktion der jüdischen Behörde, sofern sie überhaupt einschreiten konnte. Der Auftritt des ägyptischen Juden wurde nach dem Bericht des 'Bellum' auch durch dessen Landsleute in Jerusalem vereitelt (2, 263). Denkbar ist, daß die um den Frieden und die relative Freiheit Jerusalems besorgte priesterliche Oberschicht sich den Römern anschloß und die Tempelpolizei eingreifen ließ. Im Unterschied von den abwartenden Pharisäern wollte der im Sanhedrin maßgebliche sadduzäische Priesteradel einen Propheten nicht sich selbst und dem Gang der Geschichte überlassen. Das gewaltsame Vorgehen bzw. die gerichtliche Verurteilung hielt er für geboten. Mit Rücksicht auf die eigene, von Rom gestützte, Stellung waren die Sadduzäer am status quo interessiert[82]. Bei ihnen müssen jedoch auch theologische Gründe und der Rekurs auf die Tora Moses berücksichtigt werden. Wie bereits erwähnt, war Deuteronomium 13 besonders wichtig: Propheten und Träumer, welche das Volk verführen, müssen beseitigt werden, wobei man sich nicht durch Zeichen und Wunder täuschen lassen darf. Die Aktualität von Deuteronomium 13 für die Sadduzäer

---

[81] Der Terminus ὄχλος wird für die Organe der Ordnungsmacht gebraucht.
[82] "The Sadducees tried to serve the best interest of the nation which as so often happened to coincide with their own" (P. WINTER, a.a.O. S. 45).

wird durch eine Stelle der zadokidischen Damaskusschrift bestätigt, in welcher falsche Propheten und Verführung zum Abfall als ein Werk des Teufels gelten: „Ein jeder Mann, über den die Geister Belials (= des Teufels) herrschen, sodaß er Abfall predigt, soll nach der Satzung für Totenbeschwörer und Wahrsagegeister gerichtet werden" (12,2). Mit dieser Satzung sind die Gebote Deuteronomium 13,6 und Leviticus 20,27 gemeint, in denen die Todesstrafe der Steinigung befohlen wird. Wichtig ist auch das Schicksal des charismatischen Lehrers Choni, der 65 v. Chr. vor Jerusalem gesteinigt wurde[83]. Schließlich erzählt Josephus in seiner 'Vita', wie er selber einmal nur mit knapper Not der Verurteilung wegen Verführung des Volkes und der darauf als Strafe stehenden Steinigung entgangen war[84]. Dabei gebraucht er Wendungen, wie sie ähnlich im Prozeß Jesu erscheinen und demnach für das Rechtsempfinden der damaligen Zeit bedeutsam gewesen sein müssen, so etwa zur Verhaftung: εὐθύς μοι τὰς χεῖρας ἐπέβαλον ἀναιρεῖν τε ἐπειρῶντο (Vita § 302), vgl. Markus 14,46: οἱ δὲ ἐπέβαλον τὰς χεῖρας αὐτῷ καὶ ἐκράτησαν αὐτόν, und zum Urteil: (οὐκ) ἄξιός ἐστιν ἀποθανεῖν (Vita § 302), ähnlich Markus 14,64: κατέκριναν αὐτὸν ἔνοχον εἶναι θανάτου. Die mit der politischen Verantwortung betrauten, für Ruhe und Ordnung verantwortlichen Sadduzäer waren empfindlicher gegenüber einer prophetischen, im Geist der Heiligen Schrift vorgetragenen Kritik an der politischen und sittlichen Lage in Israel. Schon vom hasmonäischen Herrscher Hyrkan I. (134–104 v. Chr.) erzählt Josephus, er sei einmal öffentlich aufgefordert worden, sein hohepriesterliches Amt niederzulegen und sich mit dem weltlichen Regiment über Israel zu begnügen. Diese Kritik, die als Lästerung (βλασφημία) bezeichnet ist, verdiente nach der Meinung der Sadduzäer die Todesstrafe, während die Pharisäer körperliche Züchtigung und Gefängnis als ausreichend ansahen (Antiquitates 13,291–296). Es ist deshalb beachtenswert, daß die Pharisäer in der ältesten, von Markus gegebenen Darstellung des Prozesses Jesu fehlen; nur die priesterlichen Sadduzäer und die Ältesten als Vertreter des Laienadels werden genannt (Markus 14,1; vgl. 14,53; 15,1). Auch sie haben auf das Wirken und den Anspruch Jesu die Kriterien von Deuteronomium 13[85] und zusätzlich die von Deuteronomium 21,22f. angewendet, nach welchen der falsche, das Volk, die Stadt und den Tempel gefährdende Messiasanspruch eine Gotteslästerung darstellt. Aus diesem Grunde ist

---

[83] Antiquitates 14,22–24. Choni wurde im Bruderkrieg zwischen Hyrkan II. und Aristobul II. von den Jerusalem belagernden Juden deshalb gesteinigt, weil er sich weigerte, die sich im Tempelgelände verteidigenden Landsleute der priesterlichen Partei zu verfluchen. Choni wollte nicht zu einem Bileam werden, wurde aber wahrscheinlich gerade wegen seiner Weigerung als ein falscher Prophet verurteilt und nach Deuteronomium 13 hingerichtet.

[84] Nach Vita § 283–303 wurde Josephus in Tiberias an einem eigens dazu ausgerufenen Fasttag in der Synagoge angeklagt, die Alleinherrschaft über die galiläischen Massen durch betrügerische Propaganda anzustreben (§ 302). Zum Fasttag vgl. A. BAUMANN, Naboths Fasttag und Josephus, in: Theokratia II. Festgabe für K. H. Rengstorf, Leiden 1973, S. 26–44.

[85] J. JEREMIAS, Neutestamentliche Theologie I: Die Verkündigung Jesu, Gütersloh 1971, § 24, vgl. auch S. 82f.

es notwendig, auf einige Hauptmotive der Politik, Theologie und des Strafrechts der Sadduzäer einzugehen, soweit sie aus dem Neuen Testament, dem Werk des Josephus und den Schriften von Qumran erhoben werden können.

IV. Flavius Josephus: Prinzipien der sadduzäischen Politik, Theologie und Gerichtsbarkeit

Die Sadduzäer[86] wurden vom Priesteradel Jerusalems angeführt (vgl. Apostelgeschichte 23,4), waren jedoch nicht wie die Pharisäer eine fest organisierte religiöse Partei, obwohl sie Josephus wie diese als αἵρεσις bezeichnet. Zwar stellten sie den Hohenpriester, aber ihre Mitglieder waren durchaus nicht auf den Priesterstand beschränkt[87]. Man darf in ihnen nicht einfach hellenisierende Freigeister oder Frevler sehen, wie sie aufgrund der rabbinischen Polemik manchmal eingeschätzt werden; denn auch die Sadduzäer beriefen sich auf die Schrift. Maßgebend war für sie die Tora Moses, der Pentateuch, während die Propheten und die Schriften erst in zweiter Linie folgten. Wie übrigens auch Jesus, lehnten sie die mündliche Überlieferung ab, welche bei den Rabbinen als Ergänzung und Kommentar zur schriftlichen Tora hoch geschätzt war: Ein jeder, meinten sie, könne Gottes Gebote verstehen und brauche dazu weder einen Lehrer noch eine mündliche Tradition. Gegenüber der beweglichen, anpassungsfähigen und auch humanisierenden Auslegungsweise der Pharisäer scheint die sadduzäische Exegese starr, orthodox und beim Strafvollzug geradezu grausam gewesen zu sein.

1. Der Rat des Kaiphas: Johannes 11,49–50

Durch die Reinigung des Tempels wurd die Priesterschaft auf Jesus aufmerksam: „Die Besorgnis der Behörden war nicht unbegründet, daß die Bewegung, wenn man sie gewähren ließ, zu einer Erhebung gegen die römische Regierung führen müsse; hatten doch ähnliche Vorgänge alle Augenblicke zu Konflikten und blutigem Eingreifen der Römer geführt"[88]. Diese realpolitische Begründung der sadduzäischen Initiative im Prozeß Jesu erscheint auch im Johannesevangelium, und zwar in der Grundsatzentscheidung des Hohenpriesters Kaiphas vor den Mitgliedern des Synhedriums: „Es ist für euch besser (συμφέρει ὑμῖν), es sterbe ein Mensch für das Volk, als daß die ganze Nation verderbe" (Johannes 11,50). Man hat dieses Urteil meist hinsichtlich der Stellung untersucht, die es im Kraft-

---

[86] Zu den Sadduzäern vgl. die groß angelegte Monographie von J. Le Moyne, Les Sadducéens (Études Bibliques), Paris 1972.
[87] J. Jeremias, Jerusalem zur Zeit Jesu, Göttingen, 3. Aufl. 1962, S. 309; vor allem reiche Laien gehörten dazu.
[88] E. Meyer, Ursprung und Anfänge des Christentums II, Stuttgart–Berlin 1925, S. 451.

feld der johanneischen Theologie einnimmt; auch wird der Zynismus des Hohenpriesters gerügt, der Jesus für seine politischen Zwecke opfert[89]. Aber gerade dadurch diente Kaiphas dem Heilsplan Gottes: Mit seinem pragmatischen Rat gab er, ohne das selbst zu wissen, eine Weissagung im Sinne des Evangeliums, legte als hohepriesterlicher Gesalbter Gottes ein prophetisches Zeugnis für Jesus ab: In der Tat sollte Jesus sterben, damit das Volk lebe (V. 51)[90].

Aber der Rat des Kaiphas ist auch für sich genommen nicht einfach zynisch, sondern Ausdruck einer verantwortungsbewußten Politik. Trotz seiner Kritik an den Synhedristen (V. 49) teilt der Hohepriester deren Besorgnis über mögliche Folgen des Wirkens Jesu: „Was sollen wir tun, wenn dieser Mensch soviele Zeichen vollzieht? Wenn wir ihn weiter gewähren lassen, werden noch alle an ihn glauben, und dann werden die Römer kommen und sowohl unsere Stätte als auch unser Volk zugrunderichten" (V. 47f.). Wie die oben zitierte Stelle der Damaskusschrift (12,2) vermuten läßt, schwingt in diesen politischen Bedenken ein religiöser Unterton mit, auf den auch der Rat des Kaiphas eingeht. Es ist der Bezug zu Deuteronomium 13: Jesus, der sich durch seine Zeichen als Prophet und Mann wie Mose ausgibt, könnte ein Verführer sein. Die Kritik des Kaiphas bezieht sich darauf, daß man den im Gesetz gebotenen Weg nicht entschlossen beschreiten will, nämlich solch einem Manne unverzüglich den Prozeß zu machen. Denn unter der römischen Besatzung könnte eine Volksverführung zum Aufruhr werden, zur politischen Katastrophe: Die „Stätte" (ὁ τόπος = המקום, hămmaqôm)[91], d. h. der von den Priestern verwaltete Tempel und mit ihm das ganze jüdische Volk, wären in ihrer Existenz bedroht.

Mit Hilfe des Josephus, vor allem seiner Darstellung der letzten Hohepriester vor der Katastrophe des Jüdischen Kriegs, läßt sich zeigen, daß das doppelt deutbare Kaiphaswort Johannes 11,49f. wichtige Wahrheiten der sadduzäischen Politik und Theologie wiedergibt, die auch für den Prozeß Jesu wichtig sind. Das hat neuerdings W. Grimm in einem Beitrag zu dem Sammelband 'Josephus-Studien' gezeigt und dabei gerade auch die Preisgabe eines Menschen als ein leitendes Motiv entdeckt[92]. Die Darbringung von Opfern war ja die

---

[89] Zu dieser Stelle ist, abgesehen von den zahlreichen Kommentaren zum Johannesevangelium, an neuerer Literatur zu vergleichen: M. Baker, John 11: 50, in: The Trial of Jesus. Festschrift C. F. D. Moule, ed. E. Bammel, London 1970, S. 41–46; E. Bammel, Ex illa itaque die consilium fecerunt, ibid. S. 11f. Zur literarischen Analyse vgl. C. H. Dodd, The Prophecy of Caiaphas, in: Neotestamentica et Patristica. Festgabe für O. Cullmann (Novum Testamentum Suppl. 6), Leiden 1962, S. 134–143; F. Hahn, Der Prozeß Jesu nach dem Johannesevangelium, in: Evangelische und Katholische Kommentare, Zürich 1970, S. 23ff., besonders S. 26.

[90] Der Evangelist denkt an die Stelle Genesis 50,20 nach welcher Gott die bösen Gedanken der Menschen zum Guten wendet, um das Volk am Leben zu erhalten.

[91] Der merkwürdig unscharf scheinende Begriff ὁ τόπος, der von den Exegeten vielfach auch auf die Stadt Jerusalem oder das Land Israel bezogen wird, mag durch die Deuteronomium Kap. 13 unmittelbar vorausgehende Verordnung über das Zentralheiligtum in Jerusalem veranlaßt sein: Es ist die „Stätte" (המקום, hămmaqôm), die von Gott aus allen Stämmen erwählt wurde (12,5; vgl. V. 11.14.18.21), d.h. der Tempel.

[92] Die Preisgabe eines Menschen zur Rettung des Volkes (Priesterliche Traditionen bei Johannes), in: Josephus-Studien (vgl. o. Anm. 47), S. 133–146; ferner: Ders., Das Opfer

wichtigste Aufgabe der Priester im Tempel, und der Hohepriester trat am Großen Versöhnungstag mit seinem Opfer für das Leben des ganzen Volkes ein. GRIMM setzt — im Unterschied von fast allen neueren Exegeten[93] — methodisch richtig die literarische und sachliche Einheit des Abschnitts 11,47—52, voraus, wobei allerdings zwischen geschichtlichem Sachverhalt (V. 48—50) und theologischer Interpretation des Evangelisten (V. 51 f.) zu unterscheiden ist: In V. 49 f. wird die politische Weisheit des Hohenpriester ebenso prägnant formuliert wie die Stimme des Evangelisten in V. 51 f.

2. Das Opfer eines Menschen für Tempel und Volk

Die sadduzäische Politik wird von einem gewissen Pragmatismus bestimmt: Man hat das im Auge zu haben, was angesichts der römischen Herrschaft „nützlich ist" (συμφέρει), d. h. eine Katastrophe vermeiden läßt. Das bedeutet notfalls das Opfer eines Menschen, vor allem wenn dessen Existenz die konstitutiven Größen Tempel und Volk bedroht. Wie der Evangelist Johannes immer wieder betont und auch in seiner Deutung V. 51 f. voraussetzt, hat Jesus selbst diese sadduzäische Ansicht geteilt, für seine Person und sein Wirken geltend gemacht: Der Eifer um den Tempel wird ihn verzehren (Johannes 2,17), der gute Hirte läßt sein Leben für die Schafe (Johannes 10,11—18). Jesu unbegrenzter Einsatz für Volk und Tempel erscheint jedoch aus sadduzäischer Sicht als das Gegenteil, nämlich als tödliche Bedrohung für Israel (Johannes 11,47f.)[94]. Allerdings zeigt sich an diesem Punkt eine schwerwiegende Differenz zwischen dem jüdischen Volk und seiner Führung: Das Volk neigte dazu, an Jesus zu glauben, weil es eine Änderung der bestehenden und bedrückenden Verhältnisse von Gott ersehnte. Es wartete auf die von Gott gesandten Erlöser, und seine Hoffnung wurde durch die Theologie der Apokalyptik mit ihrer Schau und Berechnung des Endes genährt, aber auch im Leben der Essener und Zeloten bewährt; Jesu Botschaft vom nahen Gottesreich versprach gleichfalls diese wunderbare Veränderung. Demgegenüber rechnete die Führung der Sadduzäer realistisch mit der unüberwindlichen Herrschaft Roms und hielt die gegenwärtige Lage für erträglicher und darum auch

---

eines Menschen, in: Israel hat dennoch Gott zum Trost, Festschrift für Schalom Ben Chorin, ed. G. MÜLLER, Trier 1979, S. 61—82.
[93] Vgl. Anmerkung 89.
[94] Eine ähnliche Anklage wurde gegen Stephanus erhoben (Apostelgeschichte 6,13f.): „Wir haben gehört, daß er (Stephanus) sagte, dieser Jesus der Nazaräer werde diesen Ort zerstören und die Gesetze ändern, die uns Mose überliefert hat", dazu auch gegen Paulus (Apostelgeschichte 21,28), den kleinasiatische Festpilger beschuldigten: „Das ist der Mann, der überall allen Menschen eine Lehre verkündigt, die sich gegen das Volk, gegen das Gesetz und gegen diesen Ort richtet"; in Apostelgeschichte 24,5 erscheint der Vorwurf eines pestartig ansteckenden Aufruhrs (vgl. dazu M. HENGEL, Zwischen Jesus und Paulus, Zeitschrift für Theologie und Kirche 72 [1975], S. 190f.). Der Verrat am Gottesvolk wird in der Tempelrolle von Qumran im Kommentar zu Deuteronomium 21,22f. als das schwerste aller Verbrechen angesehen (11 Q Miqdasch 64,6—13).

„nützlicher" als das Elend, das ein Aufstand den Juden bringen mußte. Dieses von der Skepsis bestimmte „Nützlichkeitsdenken" war dem Verdacht ausgesetzt, es fehle am Vertrauen in Gottes Verheißung, mit Recht, denn der biblische Glaube an einen Erlöser gilt in Johannes 11,48 geradezu als ein Symptom des Untergangs. Das Heil wurde bei den Sadduzäern im Behalten des gegenwärtigen Besitzes gesehen, gefürchtet die „Wegnahme" (αἱρεῖν) des Tempels (V. 48) und der „Verlust" des Volkes (ἀπολλύναι V. 50). Deshalb schien das Opfer dieses einen Mannes die Forderung der Stunde zu sein (V. 49f.).

Dieses Angebot des Opfers eines Mannes war nicht nur ein einmaliger Einfall des Kaiphas bzw. des Evangelisten Johannes, er verrät auch nicht einfach Gleichgültigkeit oder gar Zynismus. Hinter ihm stand vielmehr die Sorge um das Volk und eine Opfertheorie, die im Tempeldienst ausgebildet und auf das Politische übertragen wurde. Josephus berichtet von einem Vorfall, der sich wenig später ereignete, in ähnlicher Sprache und einer ähnlichen Alternative, wie sie der Rat des Kaiphas bietet. Bei einem Konflikt, der Mitte der vierziger Jahre zwischen Juden und Samaritanern ausbrach und in den auch Rom eingriff, wurden die rebellierenden Juden von den führenden Männern in Jerusalem gebeten, die Römer nicht wegen der Samaritaner aufzustacheln, sich vielmehr der Vaterstadt und des Tempels, der eigenen Frauen und Kinder zu erbarmen; sie alle liefen Gefahr, wegen eines einzigen Galiläers zugrundezugehen[95]. Die Sadduzäer taten in akuten Krisen noch mehr, als in Sack und Asche einen Canossagang anzutreten, wie es beim samaritanischen Konflikt geschah (Bellum 2,237). Sie waren notfalls auch dazu bereit, für die Erhaltung von Tempel und Volk das eigene Leben in die Waagschale zu werfen. In einem Nachruf auf den Hohenpriester Ananos, der von den Idumäern beim Kampf um die Besetzung Jerusalems umgebracht wurde, sagt Josephus, dieser habe den gemeinen Nutzen dem eigenen stets vorangestellt; die Erhaltung des Friedens sei oberstes Ziel der Bemühungen gewesen, die zu seinem Tode führten[96]. In seiner letzten, von Josephus berichteten Rede gab dieser Hohepriester dem *dulce et decorum est pro patria mori* eine jüdisch-priesterliche Version, die mit Joh. 11,47f. übereinstimmt, aber nun den Hohenpriester selbst betraf: „Es ist schön, an den Toren des Heiligtums zu sterben und sein Leben für die Sache Gottes und des Heiligtums dahinzugeben"[97]. Bei einem letzten verzweifelten Versuch wollte sich Ananos an die Spitze stellen und „keineswegs die eigene Person schonen" (Bellum 4, 192). Josephus hat, obwohl selbst ein Pharisäer, diese existentiell vertretenen politischen Prinzipien der Sadduzäer nicht nur auf andere

---

[95] Bellum 2,232f.; 2,237b: ἐλεῆσαί τε τὴν πατρίδα καὶ τὸν ναόν, τέκνα τε καὶ γυναῖκας ἰδίας, ἃ πάντα κινδυνεύειν δι' ἑνὸς ἐκδικίαν Γαλιλαίου παραπολέσθαι.
[96] Bellum 4,320: πρό τε τῶν ἰδίων λυσιτελῶν τὸ κοινῇ συμφέρον ἀεὶ τιθέμενος καὶ περὶ παντὸς ποιούμενος τὴν εἰρήνην.
[97] Bellum 4,191: καλὸν δέ, κἂν προσῇ τις κίνδυνος, ἀποθνῄσκειν πρὸς τοῖς ἱεροῖς πυλῶσι καὶ τὴν ψυχήν, εἰ καὶ μὴ πρὸ παίδων ἢ γυναικῶν, ἀλλ' ὑπὲρ τοῦ θεοῦ καὶ τῶν ἁγίων προέσθαι.

Personen übertragen, sondern auch für sich selber geltend gemacht. Nach seiner Darstellung wollte der jüdische König Agrippa II. seine Landsleute davon überzeugen, „was nach seiner Meinung wirklich nütze" (Bellum 2,346). Das Gleiche versuchte Josephus in einer großen Rede vor Jerusalem (Bellum 5,372). Der Politik des Nützlichen fehlt zwar der Glanz der Gottesherrschaft und der populären Messiaserwartung, weil diese nicht nur einen modus vivendi mit dem kleineren Übel anstreben, sondern den vollen, endgültigen Sieg über die Unterdrücker verheißen. Aber die Politik der Sadduzäer war von echter Sorge um die von Gott gegebenen Güter: **Volk, Tempel und heilige Stadt**, getragen. Es ging ihnen nicht wie den Pharisäern primär um die rechte Lehre und Auslegung der Tora, obwohl diese nach sadduzäischer Deutung ein energisches Eingreifen gegen die Verräter am Volk Gottes befahl (Deuteronomium 21,22 f.; vgl. S. 606–610). Sie fürchteten weniger den Abfall Israels von seinem Gott als vielmehr dessen Untergang durch eine utopische Politik. Deshalb ist es durchaus kein Zufall, daß der Unheilsprophet Jesus mit seinen Weherufen gegen Stadt, Volk und Tempel (Bellum 6,309) den Unmut gerade auch der Jerusalemer Führung hervorrief, und daß die Katastrophe dieser drei Größen in den Jahren 66–70 n. Chr. das Ende der sadduzäischen Partei bedeutet hat. Freilich wurde diese nicht von den siegreichen Römern beseitigt, deren schonungsloses Wüten sie richtig vorausgeahnt hatte, sondern schon vorher von den Zeloten und den Idumäern, deren Aufruhr sie vergeblich entgegentrat. Josephus, der sich zum Anwalt der sadduzäischen Sache des Friedens aufwarf, konnte in seiner Rede an die Juden Jerusalems sogar behaupten, nur durch die Unterwerfung unter die Herrschaft Roms werde die Erhaltung von Stadt und Tempel erreicht und die innere Freiheit zum Leben nach Gottes Gesetz garantiert (Bellum 5,405f.). Als ein Rufer vor dem Ende will er in dieser Rede den jüdischen Verteidiger des Tempels, Johannes von Gischala, beschworen haben, die Juden möchten die Vaterstadt schonen und den schon den Tempel bedrohenden Brand der Stadt löschen (Bellum 6,97). Als letzte Möglichkeit der Rettung mutete er diesem Johannes solch ein Selbstopfer zu, wobei er den israelitischen König Jechonja als Vorbild empfahl: Dieser habe sich und seine Familie dem König der Babylonier ergeben und so verhindert, daß das Haus Gottes in Flammen aufging (Bellum, 6,104).

Schließlich gerät sogar ein zeitgenössischer Römer in den Sog dieser Opfertheorie. Als **Petronius**, der Statthalter von Syrien, bei der Durchführung des Auftrags, eine Bildsäule des Kaisers Caligula im Jerusalemer Tempel aufzustellen, auf den entschlossenen, den Tod riskierenden Widerstand der jüdischen Bevölkerung stieß, soll er versucht haben, den Kaiser umzustimmen, auf die Gefahr hin, durch dessen Zorn das eigene Leben zu verlieren. Dabei läßt ihn Josephus sagen: „Entweder gelingt es mir, mit Gottes Hilfe den Kaiser zu überreden, dann freue ich mich, mit euch gerettet zu werden, oder aber er gerät in Zorn, dann bin ich bereit, mein Leben für so viele Menschen hinzugeben" (ἐπιδώσω τὴν ἐμαυτοῦ ψυχήν, Bellum 2,201). Dabei ging es auch hier um die Rettung von Tempel und Volk, genau so wie beim Rat des Kaiphas in Johannes 11,49f. Wenn im letzteren Falle der Hohepriester das Leben eines anderen, das des Jesus von Nazareth, als den Preis für die Rettung von Volk und Tempel ansah, so bietet sich dafür als Parallele das Schicksal des Unheilspropheten Jesus, Sohn des Ananias, an: Beide bedrohten nach Meinung der Sadduzäer den Bestand des Tempels und des Volkes, beide verdienten als Gotteslästerer die Todesstrafe der Kreuzigung (vgl. S. 50).

3. „Heilsgeschichtliche Prophetie"

Der Rat des Kaiphas ist das genaue Gegenteil zum Rat des Gamaliel: er will nicht das Warten, sondern die sofort zupackende, kein Opfer scheuende, Unterdrückung der Gefahr. Die Beispiele, mit denen Josephus die Grundsätze der sadduzäischen Politik belegt, sind strenggenommen ebensowenig historisch wie das Wort, das der Evangelist Johannes dem Hohenpriester Kaiphas in den Mund gelegt hat. Sie stammen alle aus Reden, die er selbst verfaßt bzw. gehalten haben will. Aber sie geben doch ein getreues Bild von der priesterlichen Grundhaltung in der sadduzäischen Politik, zumal diese von so verschiedenen Autoren wie Johannes und Josephus übereinstimmend bezeugt wird. Josephus hat zwar die Opferbereitschaft des Ananos ex eventu geschildert und diesen von sich aus als einen tragischen Helden dargestellt. Dem entspricht, daß Johannes das Wort des Kaiphas in 11,51f. geistlich interpretierte und den Hohenpriester als Propheten und Sprecher Gottes wider dessen Willen und Wissen ansah. Wie bei den prophetischen Stimmen der damaligen Zeit wurde im prophetisch beurteilten Rat des Kaiphas eine Weissagung alttestamentlicher Prophetie aufgenommen und aktualisiert. Nach W. GRIMM war dies das Wort Jesaja 43,3−6, das schon Jesus in Markus 10,45 neu gedeutet und als für sich verpflichtend angesehen hat: Gott will einen Menschen an Israels Stelle dahingeben und sein Volk erlösen, indem er es von den Enden der Erde her sammelt. Diese Verheißung wird mit der Mission des Messias Jesus erfüllt, der nicht nur für das Volk sterben (Johannes 11,51), sondern auch die Sammlung der zerstreuten Gotteskinder ermöglichen wird (ibid, 11,52); zu den letzteren zählen freilich auch die Heiden, die an Jesus glauben (3,16; vgl. Markus 10,45).

Durch den Bezug auf Jesaja 43 ist der prophetisch verstandene Rat des Kaiphas eng verbunden mit dem Urteil des Pilatus, und zwar mit dem nicht minder berühmten und ebenso mehrfach deutbaren Wort „*Ecce homo*" (Johanners 19,5). Der römische Präfekt stellt den gegeißelten, mit Dornen gekrönten und einem Purpurmantel bekleideten König der Juden dem Volke vor: „Siehe, der Mensch!" Mit bewußter Anspielung an das antike Ritual der Einsetzung eines Herrschers präsentierte Pilatus den König, dessen Reich nicht von dieser Welt und dessen Anspruch deshalb unglaublich war. Vielleicht verstand er diesen Akt als Verspottung der Juden oder als den letzten Versuch, das Mitleid der Menge für den Landsmann zu erwecken, als Appell an das menschliche Mitgefühl. Der Evangelist sah durch das „*Ecce homo*" − wie beim Rat des Kaiphas − eine göttliche Wahrheit offenbart, deren Sinn und Tragweite ihr heidnischer Sprecher freilich nicht verstand. Was das Volk als Verhöhnung empfand, deutete der Evangelist als ein Christuszeugnis: Der „Mensch", den der römische Präfekt präsentierte, diente ja nach Jesaja 43,3f. als das Lösegeld, das Gott für die Rettung Israels bezahlt; er gibt seinen Sohn aus Liebe zur Welt in den Tod (Johannes 3,16).

Hier wird deutlich, wie die frühe christliche Theologie den Anstoß des Kreuzes Jesu überwand, ferner, warum der Glaube der Jünger nicht aufgehört hat: Die Kreuzigung, die den Juden aufgrund von Deuteronomium 21,22f. ein Ärgernis war, konnte mit Hilfe anderer, prophetisch verstandener Stellen der Heiligen Schrift als Heilstat Gottes verkündigt werden. Selbst die Richter Jesu sprachen unbewußt diese Wahrheit aus, weil auch die inhumane Profangeschichte das Geschehen des Heils befördern muß: „Die Menschen hatten Böses im Sinn, Gott aber dachte an das Gute, um viel Volk am Leben zu erhalten" (Genesis 50,20).

Johannes hat auf diese Weise die ihm vorgegebene Tradition vom Leiden Christi neu interpretiert. Für Johannes 11,47–52 kommt als Hintergrund meines Erachtens vor allem der Abschnitt Markus 14,1f. in Frage[98], nach welchem die Leidensgeschichte Jesu mit einer Beratung der Hohepriester und Schriftgelehrten beginnt. Ihr Gegenstand war freilich nicht erst die Frage, ob Jesus verhaftet werden müsse oder nicht, sondern bereits der modus procedendi, wie man ihn am besten fassen und verurteilen könne: Es gelte, mit List, d. h. heimlich, vorzugehen und ja nicht das Fest zu wählen, weil man sonst einen Aufruhr des Volkes befürchten müsse. Diese Devise wurde durch Judas Ischarioth durchkreuzt, der Jesus in der Nacht des Passahfestes[99] verriet; Jesus wurde noch in dieser Nacht verhaftet und verhört (Markus 14,43–64) und am 15. Nisan, dem ersten großen Tag des Mazzenfestes, gekreuzigt. Markus wollte damit zum Ausdruck bringen, daß Gott selbst die heilsgeschichtliche Stunde bestimmt[100]. Bei Johannes stimmt jedoch die Chronologie des Leidens Jesu mit der Warnung: „Ja nicht auf das Fest!" genau überein. Jesus wurde am Vortag des Passah verhaftet, verhört und zu Pilatus gebracht (Johannes 18,28) und zu dem Zeitpunkt gekreuzigt, als man im Tempel die Passahlämmer zu schlachten begann; er selbst ist das wahre Passahlamm (ibid. 19,14.36). Johannes hat nicht nur die in Markus 14,2 ausgesprochen Warnung: „Ja nicht auf das Fest!" genau beachtet, sondern auch die dafür gegebene Begründung, nämlich die Furcht vor dem Volk, in der Beratung 11,47–52 ausführlicher aufgezeigt. Nach Markus

---

[98] Schwierig ist die Zeitangabe Markus 14,12: Καὶ τῇ πρώτῃ ἡμέρᾳ τῶν ἀζύμων, ὅτε τὸ πάσχα ἔθυον, weil als erster Tag des Mazzenfestes gewöhnlich der Tag nach der Schlachtung der Passahlämmer angesehen wird. Vgl. aber Josephus Bellum 5,99: καὶ τῆς τῶν ἀζύμων ἐνστάσης ἡμέρας τεσσαρεσκαιδεκάτῃ Ξανθικοῦ μηνός, ἐν ᾗ δοκοῦσιν Ἰουδαῖοι τὸν πρῶτον ἀπαλλαγῆναι καιρὸν Αἰγυπτίων . . .

[99] Jesu letztes Mahl wurde als ein Passahmahl gefeiert, vgl. dazu J. Jeremias, Die Abendmahlsworte Jesu, Göttingen, 4. Aufl. 1967 und meinen Aufsatz: Passah und Abendmahl in der paulinischen Tradition, in: Festschrift für F. Lang I, Tübingen 1978, S. 51–71.

[100] L. Schenke, Studien zur Passionsgeschichte des Markus (Forschung zur Bibel 4), Würzburg 1975, S. 65. Vgl. dagegen die Verfolgung der Urgemeinde in Jerusalem durch den pharisäerfreundlichen Agrippa I.: Petrus wurde vor dem Passah verhaftet, Agrippa wollte ihn nach dem Passah dem Volk vorführen (Apostelgeschichte 12,4). Zur Befreiung des Petrus vgl. A. Strobel, Passah-Symbolik und Passah-Wunder in Apg. 12,2ff., New Testament Studies 4 (1957), S. 210–215.

wird die List der Menschen durch das Walten Gottes vereitelt, nach Johannes wird sie von Gott für seine heilsamen Zwecke benützt. Und deshalb war der Rat des Kaiphas auch prophetisch.

Wir sagten bereits, daß historisch gesehen, die synoptische Chronologie der johanneischen vorzuziehen sei, gerade auch deshalb, weil sie exegetisch schwieriger ist, der Pietät und dem Strafrecht der Mischna widerspricht. Wahrscheinlich ließen sich eine unauffällige, den Aufruhr vermeidende, Verhaftung und Vernehmung Jesu in der Nacht des Passahfestes leichter durchführen, weil die Bevölkerung in den Häusern feierte und dann nach dem reichen Mahle mit seinen vier Bechern Weins fest schlief[101]. Vielleicht hat auch ein theologischer Grund zum Abwarten der Passahnacht geführt. Denn in dieser Nacht wurde der Erlösung Israels aus der Knechtschaft gedacht, ja, diese wurde geradezu als herrliche Wiederholung des Passahgeschehens erhofft[102]. Sollte Gott sich auch in dieser Nacht nicht offen und wunderbar zu Jesus bekennen, so war dessen Anspruch, das Werkzeug der Erlösung zu sein, definitiv widerlegt und auch denen Genüge getan, die das Kriterium Deuteronomium 18,21f. für Jesus geltend machen wollten.

V. Die Schriftrollen von Qumran: Das Aufhängen am Holz (= Kreuzigen) als Strafe für den Verrat am Gottesvolk

1. Die Bedeutung der Schriftrollen von Qumran

Nicht ganz unwichtig für den Prozeß Jesu sind die Texte aus den Höhlen von Qumran, deren Verfasser zu den von Philo, Plinius und vor allem Josephus beschriebenen Essenern gehören. In diesen Texten wird Jesus zwar nicht erwähnt, weil sie bereits im 2. bzw. 1. Jhdt. v. Chr. abgefaßt worden sind und auch geschichtliche Gestalten kaum beim Namen nennen. Dennoch fällt von ihnen her auf einige dunkle Stellen im Prozeß Jesu neues Licht. Wichtig ist einmal die Messiaserwartung der Qumrangemeinde, weil sie die innere Einheit und Folgerichtigkeit mancher Passionsberichte besser begreifen läßt. Sie bestätigt auch, daß die Hoffnung der Juden auf Weissagungen des Alten

---

[101] Vgl. dazu Mischna Pesachim 10,8, wo sich eine Anweisung für die Eingeschlafenen bzw. Schlummernden bei der Passahfeier findet, ferner die Müdigkeit der Jünger im Garten Gethsemane (Markus 14,37–41). Justin (Dialogus 111,3) sagt zum Juden Tryphon: „Denn das Passah war der Christus, der später (d.h. in der Endzeit) getötet wurde (ὁ τυθεὶς ὕστερον), wie auch Jesaja sagte: 'Er wurde wie ein Schaf zur Schlachtbank geführt'; und daß ihr ihn am Tag des Passah verhaftet und gleichfalls am Passah gekreuzigt habt (καὶ ὁμοίως ἐν τῷ πάσχα ἐσταυρώσατε), steht geschrieben".
[102] Vgl. dazu die Targume Jerushalmi I und II, sowie Neofiti zu Exodus 12,42, dazu Mekilta zu Exodus 12,42 und die Anm. 98 zitierte Stelle Bellum 5,19.

Testaments gegründet war; das Gleiche gilt von der Christologie des Neuen Testaments und dem messianischen Selbstbewußtsein Jesu. Von Qumran her wird der neutestamentliche Schriftbezug an einigen wichtigen Stellen deutlicher sichtbar. So ist zum Beispiel in dem leider nur fragmentarisch erhaltenenen Qumrantext 4 Q Florilegium die Weissagung des Propheten Nathan über die dynastische Konstituierung des davidischen Königtums (2. Samuel 7,12ff.), die schon im Alten Israel zur Grundlage der messianischen Hoffnung geworden war[103], auf den endzeitlichen Retter Israels bezogen: Dieser wird ein Sohn Davids sein und auch von Gott wie ein Sohn behandelt werden (V. 12.14)[104]; sein Thron wird auf ewig bestehen (V. 13). Auch die Ankündigung eines in der Kraft des Gottesgeistes richtenden idealen Königs (Jesaja 11) wurde in Qumran in die messianische Erwartung voll integriert[105]. Weiter unten soll im Einzelnen gezeigt werden, daß gerade diese Texte die innere Logik des Verhörs Jesu vor dem jüdischen Gerichtshof bilden, obwohl sie von den Evangelisten nicht zitiert und deshalb bisher unbeachtet geblieben sind.

Ferner läßt sich das Problem der Rechtsgrundlagen für den Prozeß Jesu von Qumran her erhellen. Wir haben bereits auf den Bruch hingewiesen, der mit dem Aufhören der Sadduzäer und der Neubegründung des Synhedriums nach der Zerstörung Jerusalems auch für die jüdische Justiz eintrat: Die am Ende des 2. Jhdts. n. Chr. in der Mischna niedergelegten Strafrechtsbestimmungen dürfen nicht ohne weiteres für den Prozeß Jesu vorausgesetzt werden[106], der unter der Leitung eines sadduzäischen Hohenpriester stattfand[107]. Von Einzelheiten des sadduzäischen Strafrechts ist freilich im rabbinischen Schrifttum nicht viel zu finden. Um so bedeutsamer ist es, daß man aus den Texten der zadokidischen Qumrangemeinde einige Schlüsse ziehen kann. Sie betreffen vor allem die Frage der Kreuzigung.

---

[103] Vgl. G. VON RAD, Theologie des Alten Testaments I (Einführung in die evangelische Theologie 1,1), München, 1. Auflage 1957, S. 221.

[104] Ein weiteres, erst kürzlich veröffentlichtes Fragment aus der Höhle 4 von Qumran (4 Q 243, 4 Q Dan A) enthält die Titel „Sohn Gottes", „Sohn des Allerhöchsten". Es scheint, die messianische Bezeichnung „Sohn Gottes" sei schon im vorchristlichen Judentum bekannt gewesen (vgl. dazu M. HENGEL, Der Sohn Gottes, Tübingen 1975, S. 70–74).

[105] Vgl. dazu meine Aufsätze: Kann denn aus Nazareth etwas Gutes kommen?, in: Wort und Geschichte. Festschrift für K. Elliger, Neukirchen 1973, S. 9–16, und: Jesus in Nazareth, in: Israel (vgl. o. Anm. 92), S. 44–60.

[106] Vgl. dazu Josephus Antiquitates 20,199 und die Kritik am sadduzäischen Gerichtshof in Mischna Sanhedrin 7,3, dazu LE MOYNE, Les Sadducéens, a.a.O. S. 114–117. Nach der Fastenrolle ($m^eg\bar{i}ll\bar{a}t\ t\bar{a}^{a^e}n\hat{i}t$) Nr. 10 wurde das „Buch der Verordnungen" abgeschafft, das wohl sadduzäische Gesetze enthalten hat (so H. D. MANTEL, The Megillath Taanith and the Sects, in: Studies in the History of the Jewish People [Zwi Averni Memorial Volume], ed. A. GILBOA, B. MEVORACH u.a., Haifa 1970, S. 62f.). Anders BEN-ZION LURIA, Megillath Taanith, Jerusalem 1964, S. 131–134. Er bezieht das „Buch der Verordnungen" auf die Sammlung und Sichtung der Bücher der Tora, die durch Antiochos Epiphanes geächtet und teilweise vernichtet worden waren, vgl. 2. Makkabäer 2,14f.

[107] Nach Antiquitates 20,251 wurde die Leitung des jüdischen Volkes im Jahre 6 n. Chr. einem Gremium vornehmer Männer und dem Hohenpriester anvertraut.

2. Das Problem der Kreuzigung

Für die Römer war die Kreuzigung eine *mors turpissima*, das *summum supplicium*, das vor allem bei Sklaven und Provinzialen Anwendung fand, und zwar als Strafe für Straßenräuber (*latrones*) bzw. für aufständische Rebellen. Sueton berichtet, Kaiser Claudius habe einmal vom Morgen bis zum Abend einer Kreuzigung zugesehen und schließlich aus Mitleid die Delinquenten totschlagen lassen (Claudius 34). In Palästina wurden die Räuber (ליסטיי, *lisṭājjê* = λῃσταί) gekreuzigt[108]; dafür verantwortlich war in der Regel das römische Gericht. In Givat Ham-Mistar nordöstlich von Jerusalem wurden verschiedene Gräber aus der herodianischen Zeit entdeckt. Einer der Särge enthielt die Gebeine eines Mannes Jonathan, in dessen Fersenknochen etwa 15 cm lange Nägel staken; auch seine Hände müssen von Nägeln durchbohrt gewesen sein. Er war zweifellos am Kreuz gestorben; zum erstenmal wird hier die in Johannes 20,25.27 vorausgesetze Annagelung an das Kreuz auch archäologisch bestätigt[109]. Die Rabbinen sahen in der Kreuzigung eine speziell römische Strafe, die deshalb auch bei den in der Mischna angeordneten Arten der Hinrichtung fehlt[110]. Nur der Leichnam eines wegen Gotteslästerung oder auch Götzendiensts Gesteinigten sollte für kurze Zeit an einen Pfahl gehängt werden, damit die Schwere solcher Vergehen allen eindrücklich werde. Auf diese Weise glaubte man, dem Gebot Deuteronomium 21,22 f. Genüge zu tun[111].

Nun hatte aber schon E. STAUFFER behauptet, die Kreuzigung sei auch eine jüdische Todesstrafe gewesen; aus der Tatsache der Kreuzigung Jesu dürfe deshalb nicht ohne weiteres auf die Alleinverantwortung der Römer geschlossen werden[112]. In der Tat wird vom rabbinischen Lehrer Jose ben Joezer berichtet, er sei unter dem Hohenpriester Jakim = Alkimos (2. Jhdt. v. Chr.) gekreuzigt worden[113]. Der Pharisäer Simon ben Schätach (Anfang bis Mitte des 1. Jhdts. v. Chr.) habe 80 Frauen als Zauberinnen in Askalon hängen lassen; diese Strafaktion, deren wahrer Anlaß anders bestimmt werden muß, ist doch wohl als Kreuzigung zu verstehen[114]. Voll Abscheu berichtet Josephus von einem Racheakt des hasmonäischen Königs Alexander Jannäus (103–76 v. Chr.), der 800 seiner meist pharisäischen Widersacher, die den Seleukidenkönig Demetrios Eukairos gegen ihn zu Hilfe gerufen hatten, lebend ans Holz hängen, d. h.

---

[108] Tosefta Sanhedrin 9,7; vgl. auch Qohelet Rabba 89b zu 7,26; Echa Rabbati 104b zu 1,12.
[109] V. TSAFERIS, Jewish Graves from the Time of Herod in North East Jerusalem, in: Proceedings of the Fifth World Congress of Jewish Studies, Jerusalem 1969, S. 221.
[110] Mischna Sanhedrin 7,1: Steinigung, Verbrennung, Enthauptung, Erdrosselung. In 7,3 wird die Enthauptung mit dem Schwert als eine häßliche Hinrichtungsart der Römer kritisiert.
[111] Vgl. die Baraitha im Babyl. Talmud Sanhedrin 46b, dazu Sifre Deuteronomium § 221 (FRIEDMANN S. 114).
[112] Jerusalem und Rom im Zeitalter Jesu Christi (Dalp-TB 331), Bern 1957, S. 123 ff.
[113] Midrasch Tehillim 11,7, vgl. Bereschith Rabba 65 (149). Von Jose heißt es; ... אזל קומי שריוא למצטלבה (*ʿazal ... gummê šᵉrizaʾ lᵉmiṣṭalabā*).
[114] Jerus. Talmud, Sanhedrin 9,23c; Chagiga 2,2 77d; vgl. mit Mischna Sanhedrin 6,4.

kreuzigen ließ; der König habe dem qualvollen Sterben bei einem Gelage zugesehen[115]. Ein ähnliches Urteil über diese Hinrichtung glaubte man in einem Textfragment aus Qumran entdeckt zu haben[116]: In ihm wird vom Versuch des Demetrios, nach Jerusalem zu gehen, gesprochen und dann vom „Hängen lebender Menschen ans Holz", womit zweifellos der von Josephus berichtete Racheakt des Jannäus gemeint ist[117]. Freilich wird dieser nicht beim Namen genannt, sondern bildlich als „Löwe des Zorns" bezeichnet, während seine Gegner und Opfer als „Forscher nach glatten Dingen" figurieren. Vor allem aber ist in diesem Text, einem Kommentar zum Propheten Nahum, das Urteil über die Aufhängung nicht leicht zu deuten, weil es nur unvollständig erhalten ist. Der Herausgeber des Fragments hatte analog zur Kritik des Josephus ergänzt: „. . . (was nicht geschehen war) vordem in Israel" (4 Qp Nahum I, 7−8), so als habe Jannäus eine unerhörte, für israelitisches Empfinden fremdartige Tat begangen.

3. Das Aufhängen lebender Menschen: Deuteronomium 21,22f. in der Tempelrolle von Qumran

Nun hat aber der Archäologe und Qumranforscher Y. YADIN in der damals noch nicht veröffentlichten „Tempelrolle" aus der Höhle 11 von Qumran eine Paraphrase zu der Stelle Deuteronomium 21,22f. entdeckt[118]. in welcher nach seiner Meinung das Hängen lebender Menschen als biblisch begründete Hinrichtungsart durchaus vorgesehen ist. Diese Paraphrase zu Deuteronomium 21,22f., die wie die ganze Tempelrolle eine in der Ich-Form gesprochene Weisung Gottes an Mose darstellt, lautet:

„Wenn (7) jemand Sein (d.h. Gottes) Volk verleumdet und Sein Volk an ein fremdes Volk verrät und übel handelt an Seinem Volk, (8) dann sollt ihr ihn ans Holz hängen und er soll sterben (ותליתמה אותו על העץ וימת, $\hat{u}t^e l\hat{\imath}taemm\bar{a}$ 'ôtô 'ăl ha'eṣ $w^e jamot$); auf den Spruch von zwei Zeugen und den Spruch von drei Zeugen hin (9) soll er sterben, und sie sollen ihn an das Holz hängen. Wenn durch einen Mann ein todeswürdiges Vergehen begangen wird und er flieht (10) in die Mitte der Heiden und verflucht Sein (Gottes) Volk und die Kinder Israel, so sollt ihr auch ihn an das Holz hängen (11) und er soll sterben (ותליתמה גם אותו על העץ ויומת, $\hat{u}t^e l\hat{\imath}taemm\bar{a}$ găm 'ôtô 'ăl ha'eṣ $w^e j\hat{u}mat$). Aber du sollst ihren Leichnam nicht über Nacht am Holz hängen lassen, sondern ihn unbedingt am gleichen Tag begraben. (12) Denn von Gott und Menschen verflucht (מקוללי אלוהים ואנשים, $m^e q\hat{o}l^e l\hat{e}$ $^{\ae}l\hat{o}h\hat{\imath}m$

---

[115] Bellum 1,92−97; Antiquitates 13,376−381.
[116] 4 Qp Nahum I, 1−2, erstmals veröffentlicht von J. M. ALLEGRO, in: Journal of Biblical Literature 75 (1956), S. 89ff., jetzt in: Discoveries in the Judean Desert of Jordan V (Qumran Cave 4), Oxford 1968, S. 37ff.
[117] 4 Qp Nahum I, 2.5−7.
[118] Y. YADIN, Pesher Nahum (4 Qp Nahum) Reconsidered, in: Israel Exploration Journal 21 (1971), S. 1−12.

wa*nasîm*) sind diejenigen, die am Holz hängen, und du sollst das Land nicht verunreinigen, das Ich (13) dir als Erbteil gebe" (11 Q Miqdasch 64,6–13)[119].

In dieser Bestimmung werden, zusätzlich zur biblischen Vorlage, zwei Vergehen des Hochverrats in kasuistischer Diktion aufgeführt, die mit der in Deuteronomium 21,22 geforderten Strafe der „Hängung an das Holz" geahndet werden sollen: Einmal die Verleumdung und Auslieferung des Gottesvolkes an eine fremde Nation (Zeile 6–9a) und dann die Flucht zu den Heiden, mit der man sich der Bestrafung eines todeswürdigen Vergehens entziehen will und dabei das Gottesvolk und die Kinder Israels verflucht (Zeile 9b–11a). Im letzten Abschnitt (Zeile 11a–13) wird für beide Fälle die Hinrichtung durch Hängung geltend gemacht: Der Leichnam der Gehängten soll am Tag der Hinrichtung begraben werden, weil die „ans Holz Gehängten von Gott und den Menschen verflucht sind und das Land entweihen"[120]. Y. YADIN bemerkt mit Recht, die beiden Vergehen – vor allem das zuerst genannte – seien aus aktuellem Anlaß in die Tempelrolle aufgenommen und mit Deuteronomium 21,22f. verbunden worden[121]; durch die besonders harte Strafe des Hängens sollte das schwere, in der Tora so nicht erwähnte, Vergehen des Hochverrats gesühnt werden.

Welche Art des Hängens ist gemeint und welcher aktuelle Anlaß steht hinter diesem Text?

Das zugrundeliegende biblische Gebot Deuteronomium 21,22f. wird in der Tempelrolle auf eine ganz besondere, nicht allgemein anerkannte, Weise verstanden und von Gott sanktioniert; aus diesem Grunde wird es so ausführlich, kommentierend, behandelt und wiedergegeben. Nach der Mischna, in welcher die pharisäische Auslegung dieser Stelle enthalten ist (Sanhedrin 6,4), soll der Leichnam des bereits durch Steinigung Hingerichteten für kurze Zeit an einen Pfahl gehängt und so vor dem Verbrechen der Gotteslästerung und des Götzendienstes öffentlich gewarnt werden[122]. Dagegen ist in Qumran das Hängen des lebenden Delinquenten als Vollzug der Strafe gemeint, und zwar nicht als Strangulierung. Vielmehr kommt es der Kreuzigung gleich, die als schwerste Strafart wahrscheinlich aus der nichtjüdischen Umwelt übernommen worden war[123]. Gegenüber Deuteronomium 21,22 ist die Reihenfolge der Verben geändert: „Man soll ihn hängen, sodaß er stirbt" (Zeile 8.10f.); das Hängen ist demnach Strafvollzug. Das zeigt sich auch daran, daß eigens zwei und drei (5!) Zeugen eingesetzt sind, welche das Hängen vollziehen sollen; nach Deuteronomium 17,6 bezieht sich die Mitwirkung der zwei oder drei Zeugen auf die Hinrichtung. Daß schließlich mit der Hängung die Kreuzigung und nicht

---

[119] Y. YADIN, M^{c}gillāt Hämmiqdaš I, Jerusalem 1977, S. 285–290.
[120] Vgl. dazu auch J. LICHT, The Qumran Sect and its Scrolls, in: World History of the Jewish People, Second Temple Period, Jerusalem 1977, S. 131.
[121] A. a. O. S. 285. Sie ermöglichen auch einen Rückschluß auf die Zeit, in welcher die Tempelrolle verfaßt wurde.
[122] Vgl. Josua 8,29; 10,26; dazu Babyl. Talmud Sanhedrin 46b; dazu auch Jerusal. Talmud Qiddushin 4 65b, Y. YADIN, a. a. O. S. 287.
[123] M. HENGEL, Crucifixion, London 1977, S. 84.

etwa der Tod durch Erhängen = Strangulieren[124] beabsichtigt ist, geht nicht zuletzt aus dem historischen Vorgang hervor, auf den YADIN in diesem Zusammenhang hinweist. Es ist dies die oben erwähnte Kreuzigung der 800 pharisäischen Gegner des Alexander Jannäus. Josephus spricht dabei von Kreuzigen (ἀνασταυροῦν, Antiquitates 13,380), der 4 Q Pescher Nahum vom Hängen lebender Menschen (I, 3f. 8), wobei er aufgrund einer deutlichen Anspielung die Stelle Deuteronomium 21,22 ebenfalls auf die Todesstrafe der Kreuzigung bezieht[125]. Nach Y. YADINS Ergänzung der beiden stark zerstörten Zeilen I, 7f. wird in diesem Text die Tat des Königs nicht etwa getadelt, sondern durch den Hinweis auf Deuteronomium 21,22 gebilligt und als gerechte Sühne betrachtet[126]; in diesem Zusammenhang ist bedeutsam, daß Josephus von gewissen Leuten weiß, die den König aufgefordert hätten, diese Strafe zu vollziehen (Antiquitates 13,410). Denn der Protest der Pharisäer, die den syrischen König gegen ihren eigenen Landesherrn um Hilfe gebeten und ihn zu einer militärischen Aktion gegen Israel verleitet hatten (Antiquitates 13,376–379), konnte als Hochverrat, als ein Ausliefern von Gottes Volk an eine heidnische Nation verurteilt werden[127] und damit als Verbrechen, wie es nach der in der Tempelrolle gebotenen Interpretation von Deuteronomium 21,22f. durch Kreuzigung zu bestrafen war (11 Q Miqdasch 64,6–9).

4. Der Gottesfluch der Aufgehängten: Deuteronomium 21,23

Die Verbindung des Hochverrats mit der Bestimmung Deuteronomium 21,22f. und der ihr entnommenen Todesstrafe der Kreuzigung kam meines Erachtens über den in Deuteronomium 21,23 erwähnten Ausdruck „Fluch Gottes" (קללת אלוהים, qil‛lät 'ælôhîm) zustande, der in der Exegese der damaligen Zeit eine wichtige Rolle spielte und nicht weniger kontrovers war als der Strafvollzug selbst. In 11 Q Miqdasch 64,12 wird er partizipial wiedergegeben (מקוללי אלוהים, m‛qôl‛lê 'ælôhîm) und ist, wie Y. YADIN richtig erkannt hat,

---

[124] Er wird in der Mischna (Sanhedrin 7,1) durch חנק (ḥænæq) bezeichnet.

[125] תלוי חי על העץ (talûj ḥaj 'äl ha‛eṣ), Zeile 8, ist deutlich an Deuteronomium 21,23 orientiert.

[126] Die Ergänzung wird in Einklang mit 11 Q Miqdasch 64,6–13 vollzogen.

[127] Vielleicht ist auch in der Damaskusschrift von Qumran 9,1 an solch einen Verrat gedacht: Ein Mann wird mit Hilfe heidnischer Gerichte der Vernichtung anheimgegeben; so daß dafür wird die Todesstrafe gefordert. Wichtig ist in diesem Zusammenhang die Anwendung der Kreuzigung bei den Römern, die sie von den Karthagern übernommen hatten: Sie wurde zunächst bei Verschwörungen und Unruhen eingesetzt. Nach Tacitus, Historiae 4,3,2 wurde z.B. ein Sklave wegen Verrats der Stadt Tarracina gekreuzigt (*patibulo adfixus*, dazu H. W. KUHN, Die Kreuzesstrafe während der frühen Kaiserzeit, unten in diesem Band [ANRW II 25,1] S. 684, Anm. 197; S. 692). Die Ansicht KUHNS, die Kreuzesstrafe sei zur Zeit Jesu in Griechenland, Kleinasien und Syrien nur in geringem Maße angewandt worden, gewänne an Überzeugungskraft, wenn auch Belege für sonstige Hinrichtungen gesammelt und mit solchen für die Kreuzigung verglichen worden wären; außerdem muß die große Zahl der von Flavius Josephus berichteten Kreuzigungen bedenklich stimmen.

in doppelter Bedeutung zu übersetzen, passiv und aktiv, als genitivus subjectivus und als objectivus. Die an das Holz Aufgehängten sind von Gott und den Menschen verflucht, aber auch solche, die Gott und den Menschen fluchten. Damit erklären sich die mit Deuteronomium 21, 22f. verbundenen Vergehen des Hochverrats: Die Verfluchung Gottes geschieht in den Augen der Qumranexegeten dadurch, daß man „Sein Volk", die von Ihm erwählten Menschen, verflucht oder den Heiden in die Hände spielt, sie entweiht. Solche Strafbestimmungen verraten die brennende Sorge um Gottes Eigentum und um die Heiligkeit Israels, die im Zeitalter des Hellenismus und des Imperium Romanum besonders gefährdet waren. Auch die Rabbinen konnten Deuteronomium 21,23 in diesem aktiven Sinn verstehen, wenn sie die Strafe der Aufhängung des Hingerichteten auf die Gotteslästerer und Götzendiener beschränkten und dies mit der Wendung קללת אלוהים ($qil^elät$ '$ælôhîm$) begründeten: „Weil er den Namen verflucht hat und der Name Gottes entweiht worden ist".[128]

Von daher erscheinen andere uns bekannte Fälle der Kreuzigung in Israel in einem neuen Licht. In der Mischna (Sanhedrin 6,4) wird die Tat des Simon ben Schetach, der in Askalon 80 Frauen als Zauberinnen hängen ließ, als ein außerordentliches, durch besondere Umstände veranlaßtes, Verfahren beurteilt. Auffallend ist dabei der Schauplatz Askalon, eine Stadt, die damals der jüdischen Jurisdiktion gar nicht unterstellt war. M. HENGEL hat die ansprechende Vermutung geäußert, die Aufhängung der 80 Zauberinnen sei als polemische Entstellung der Kreuzigung von 80 Sadduzäern zu verstehen, die unter der pharisäerfreundlichen Königin Salome Alexandra vollzogen und von Simon ben Schätach als Vergeltung für die Kreuzigung der 800 Pharisäer durch Alexander erzwungen worden war[129]. Trifft diese Deutung zu, so könnte hinter dem Namen „Askalon" (אשקלון, $ăšq^elôn$) ursprünglich ein איש קלון ('$îš qalôn$) = „Mann der Schande" bzw. eine von Deuteronomium abgeleitete Wendung ähnlich der מקוללי... אנשים ($m^eqol^elê$ ... '$^anašîm$) in 11 Q Miqdasch 64,12 stehen, welche den Verrat und die Verfluchung des Gottesvolkes zum Ausdruck bringen und so die Hängung = Kreuzigung biblisch rechtfertigen sollte. In diesem Falle hätte auch ein führender Lehrer der Pharisäer die Kreuzigung angewendet und zwar aufgrund von Deuteronomium 21,22, freilich für einen Vergeltungsakt im Sinn des ius talionis. Andererseits kannte man natürlich auch in Qumran die Steinigung, die nach Leviticus 20,27 für den Abfallprediger in der oben zitierten Stelle CD 12, 2f. in Frage kommt; auch an Deuteronomium 13 ist wohl gedacht. Wird im Targum Neofiti zu Numeri 25, 1−5[130] gesagt, die von Gott abgefallenen Israeliten sollten getötet und ans Kreuz gehängt werden

---

[128] Mischna Sanhedrin 6,4; vgl. dazu Sifre Deuteronomium zu 21,22 § 221 (114b) Babyl. Talmud Sanhedrin 46b. Eine andere Auslegung zu dieser Wendung erscheint in Mischna Sanhedrin 6,7: Gott leidet Schmerzen beim Anblick des Gekreuzigten (קלני מראשי, $qalanî\ mero'šî$, offenbar ein populärer Euphemismus für Schmerzen).

[129] Crucifixion a.a.O. S. 84f. Vgl. dazu Antiquitates 13, 380 mit 13, 410: Die Pharisäer überreden Alexandra, diejenigen zu beseitigen, die an der Kreuzigung der 800 beteiligt waren.

[130] Vgl. Targum Jerushalmi I zu Numeri 25, 4; Sifre Numeri § 13 zu Numeri 25, 4. Die Leute, die sich zum Baal Peor gewandt haben, werden verurteilt צליבת קיצא ($ṣ^elîbat\ qêṣa'$).

(תלה, talā), haben die Rabbinen sicherlich an die Zusatzstrafe der Hängung nach der Hinrichtung gedacht, aber der Terminus „Kreuz" (צליבה, $s^elibā$) weist auf eine altertümliche Tradition. Nach Josephus (Antiquitates 4,129f.) und auch nach der rabbinischen Auslegung war es Bileam, der den Abfall von Gott und die Hinwendung zum Baal Peor in Numeri 25 verursacht hat. Wenn Jesus im Judentum als der „Gehängte" (תלוי, talûj) galt, so wurde dabei sicherlich auch an Deuteronomium 21,22f. gedacht; durch die Verbindung Bileam = Jesus (Babylonischer Talmud Sanhedrin 106 ab) wurde Jesus als ein Verführer Israels gebrandmarkt und sein Gehängtwerden als die Strafe für den Abgefallenen und Abfallprediger dargestellt.

5. Das Kreuz Jesu als Zeichen des Gottesfluches

Man muß sich fragen, ob nicht auch der Prozeß Jesu von der Weisung Deuteronomium 21,22f. und ihrer sadduzäisch-sadokidischen, auf die Kreuzigung zielenden Deutung beeinflußt worden ist. Am Schluß des Verhörs vor dem Synhedrium stellte der Hohepriester fest, Jesus habe mit dem offen ausgesprochenen Bekenntnis, der Messias und Sohn Gottes zu sein, blasphemisch geredet (ἠκούσατε τῆς βλασφημίας); nach der Meinung des Gerichts war er deshalb „des Todes schuldig" (Markus 14,64). Das Vergehen, das nach Deuteronomium 21,22f. den Tod verdient (משפט מות, $mišpāṭ\ mawæt$), ist nach 11 Q Miqdasch 64 die Verfluchung von Gottes Volk (Zeile 10) bzw. von Gott und von Menschen (Zeile 12), nach der Mischna (Sanhedrin 6,4) die Gotteslästerung. Die solchen Frevel sühnende Strafe ist das „Hängen an das Holz". Im Falle Jesu war es die Kreuzigung, die mit der Auslieferung des Messiasprätendenten an das römische Gericht zu erwarten war und wohl auch der sadduzäischen Auslegung von Deuteronomium 21,22f. entsprach. Auch im oben behandelten Urteil des Kaiphas: „Es ist nützlicher für euch, daß ein Mensch für das Volk sterbe, als daß das ganze Volk zugrundegehe" (Johannes 11,50), kommt Deuteronomium 21, 22f. indirekt zur Geltung. Denn von diesem einen Menschen droht ja eine tödliche Gefahr für den Tempel und das Volk: Die Römer werden kommen und beide beseitigen (V. 48). Durch sein Auftreten spielt Jesus demnach das Gottesvolk den Heiden in die Hände, so wie das in der Tempelrolle vom Hochverräter gesagt wird, der gekreuzigt werden soll (11 Q Miqdasch 64,7f.). Offensichtlich haben die Sadduzäer zur Zeit Jesu, wie die Qumran-Zadokiden, die Todesstrafe durch Hängen = Kreuzigen bei gewissen Verbrechen für schriftgemäß gehalten, obwohl sie selbst unter der Herrschaft Roms keine Todesurteile vollstrecken durften. Dafür spricht die Erklärung, welche die Juden nach Johannes 19,7 vor Pilatus abgaben: „Wir haben ein Gesetz, und nach diesem unserem Gesetz muß er sterben, weil er sich selbst für den Sohn Gottes erklärt hat" (vgl. auch 18,31). Solch ein Gesetz, das den offensichtlich auch hier als Blasphemie beurteilten Messiasanspruch ahnden soll, kann nur von Deuteronomium 21,22f. abgeleitet und im Sinn von 11 Q Miqdasch 64 formuliert worden sein. Denn die für Jesus geforderte Todesstrafe war das Kreuz (Johannes 19,10. 15f.).

Wurde beim Verhör Jesu auf die aktive Deutung der Wendung קללת אלוהים (qiłłat ʾᵉlôhîm) abgehoben (= er hat Gott gelästert), so tritt auf Golgatha auch die passive hervor. In Markus 15,29–32 heißt es, die am Kreuz Vorübergehenden hätten Jesus gelästert: „Weh dir, der du den Tempel abreißen und in drei Tagen wieder aufbauen wolltest! Rette dich und steige herab vom Kreuz!" Desgleichen verspotteten ihn auch die Hohenpriester zusammen mit den Schriftgelehrten und sagten: „Andere hat er gerettet, sich selber kann er nicht retten. Bist Du der Messias und König Israels, so steig jetzt vom Kreuz herab, damit wir es sehen und zum Glauben kommen!" In dieser Szene wird der Gekreuzigte von den Menschen mit den gleichen Worten gelästert, mit denen er seinen als Gotteslästerung verurteilten Messiasanspruch geoffenbart hat, nämlich mit der Ankündigung, er werde den Tempel abreißen und einen neuen erbauen. Daß Jesu Wort vom Tempel einen messianischen Klang hatte, werden wir später sehen. Auch die spöttische Aufforderung: „Rette dich selbst!" enthält eine Anspielung auf den Messiasanspruch, denn der Messias ist der Retter Israels (4 Q Florilegium, Zeile 11–13). In Markus 15 erscheint demnach die passive Deutung von קללת אלוהים (qiłłat ʾᵉlôhîm), und zwar in der Form, die sie in 11 Q Miqdasch 64,12 besitzt: Der am Holz Hängende ist von Gott und den Menschen verflucht[131].

Wichtig ist schließlich, daß Jesu Leichnam noch am Tag der Hinrichtung vom Kreuz abgenommen wurde (vgl. Deuteronomium 21,23). Nach Markus 15,44f. wurde er von Pilatus dem Joseph von Arimathia auf dessen Bitte hin zur Bestattung überlassen. Nach Johannes 19,31 baten die Juden, Pilatus möge die drei Gekreuzigten nicht bis zum nächsten Tag, dem Sabbat, hängen lassen, weil dieser ein großer Sabbat sei; es stand ja die Nacht der Passahfeier und der erste Feiertag des Mazzenfestes bevor. Den noch lebenden „Räubern" wurden daraufhin die Schenkel zerschlagen (V. 32), was zum Tod führen sollte; Jesus, der bereits tot war, wurde von Josef von Arimathia abgenommen (ἦρεν τὸ σῶμα αὐτοῦ, 19,39). Besonders der Ausdruck μένειν ἐπὶ τοῦ σταυροῦ V. 31 erinnert an die Bestimmung Deuteronomium 21,23, einen Gehängten nicht über Nacht am Holz zu lassen, sondern ihn am gleichen Tage abzunehmen.

Daß Deuteronomium 21,22f. bei der soteriologischen Deutung des Kreuzes eine große Rolle spielte, erhellt vor allem aus der Stelle Galater 3,13, an der Paulus im Blick auf das Kreuz Christi Deuteronomium 21,23 zitiert und zwar passivisch: „Verflucht (von Gott) ist jeder, der am Holz hängt!" Schon der Pharisäer Paulus hatte sicherlich die Kreuzigung Jesu von Deuteronomium 21,22f. her beurteilt und gefolgert, Jesus müsse ein von Gott Verfluchter und der Glaube an die Messianität des Nazareners ein gefährlicher Wahn sein. Als

---

[131] Vgl. dazu auch T. Sanhedrin 9,7: Bei der Kreuzigung des Zwillingsbruders des Königs sagen die Vorübergehenden: „Es hat den Anschein, als sei der König gekreuzigt!", wobei auf Deuteronomium 21,23 verwiesen wird. Mit dem König ist Gott gemeint: Er wird durch einen am Kreuz hängenden Menschen gelästert, weil dieser im Bilde Gottes geschaffen ist, ihm wie einem Zwillingsbruder gleicht. Aber es ist auch ein Gott lästernder Spott, wenn die Menschen sagen: „Es hat den Anschein, als sei der König gekreuzigt!"

Christ und Apostel mußte er das Ärgernis überwinden, das einem toragläubigen Juden durch die Kreuzespredigt bereitet wurde; der Ausdruck „Ärgernis des Kreuzes" (1 Korinther 1,23; Galater 5,11) ist von Deuteronomium 21,23 her religiös motiviert[132]. Im Licht des Damaskusgeschehens, bei dem der Abgesandte des Jerusalemer Synhedriums den himmlischen Herrn schaute und von ihm zum Apostel berufen wurde[133], erkannte Paulus, daß der gekreuzigte Christus für uns Menschen zum Fluch wurde und uns so vom Fluch des Gesetzes über die Gottlosen freigekauft hat (Galater 3,10.13; vgl. Deuteronomium 27,26; 30,15ff.). Die Geltung des Toraworts „Verflucht ist jeder, der am Holz hängt!" wurde demnach von Paulus keineswegs aufgehoben, sondern gerade auch auf das Kreuz Christi angewendet: Mit der Sünde der Welt hat der gehorsame Gottessohn auch die Strafe für die Sünde und den Fluch Gottes über die Sünder auf sich genommen, den das Gesetz verkündigt; deshalb gehört für Paulus dieses harte Torawort in das Evangelium. Dabei ist bemerkenswert, daß auch er als ehemaliger Pharisäer die umkämpfte Deuteronomiumstelle vom Hängen an das Holz wie selbstverständlich auf die Kreuzigung bezog[134].

---

[132] H. W. KUHN, Jesus als Gekreuzigter in der frühchristlichen Verkündigung bis zur Mitte des 2. Jdts., Zeitschrift für Theologie und Kirche 72 (1975), S. 1–46, besonders S. 36f. Die dort vertretene These, die Schmach des Kreuzestodes habe als theologisches Argument in der frühen Christenheit keine Rolle gespielt, wird in der hier vorgelegten weiteren Untersuchung KUHNS über die Kreuzesstrafe in der frühen Kaiserzeit wiederholt und gegenüber M. HENGEL verteidigt (a.a.O., S. 772f.). Aber einmal ist die Tatsache, daß die Schmach dieses Todes in biblischen Zitaten erscheint, kein Gegenargument; denn die Wahl solcher Schriftworte kann eben durch das Urteil der Umwelt mit bestimmt sein. Vor allem aber hat H. W. KUHN nicht beachtet, daß die theologische Deutung des Kreuzestodes Jesu schon von Anfang an mit Hilfe von Jesaja 53, dem Lied vom leidenden Gottesknecht, durchgeführt wurde; von daher ließ sich auch das Ärgernis von Deuteronomium 21,22f. überwinden. Das zeigen, abgesehen von anderen Stellen, auch die Ausführungen des Paulus in 1. Korinther 1 und 2. Wenn der Apostel dort betont, er verkündige den gekreuzigten Christus, und ihn dabei als Kraft und Weisheit Gottes bezeichnet (1,23f.), so denkt er an Jesaja 53,1, wonach sich in der Hingabe und Erhöhung des Gottesknechtes, sowie bei der Verkündigung dieses Geschehens, die Kraft Gottes erweist (vgl. Jesaja 53,1 Targum und Römer 1,16f.). Nun wird aber gerade in diesem Lied die Schmach des leidenden Gottesknechtes hervorgehoben: sein entstelltes, menschenunwürdiges Aussehen (Jesaja 52,14; 53,2f.). Sein Anblick löst Entsetzen aus (52,14), seine Erscheinung gilt als ehrlos, er wird von allen Menschen gemieden (Jesaja 53,3 Septuaginta). Der von Paulus in 1. Korinther Kap. 1 und 2 behauptete Triumph der Weisheit Gottes über die Weisen und Mächtigen der Welt, den Gott durch das Kreuz des Messias und dessen Verkündigung Ereignis werden ließ, war für den Apostel nicht zuletzt von Jesaja 52,13 – 53,12 her einsichtig und speziell in Jesaja 52,15 vorhergesagt: Viele Völker und Könige werden verstummen, wenn sie schauen, was ihnen noch nie verkündigt wurde, und einsehen, was sie noch nicht gehört hatten; vgl. dazu das eigenartige Zitat 1. Korinther 2, 9, in dem m. E. das auch Römer 15,21 erwähnte Zitat Jes 52,15 mit verwertet ist.

[133] Vgl. dazu meine Aufsätze: Die Vision des Paulus im Tempel von Jerusalem, in: Verborum Veritas. Festschrift für G. Stählin, Wuppertal 1970, S. 113–124, und: Paulus als Pharisäer nach dem Gesetz, in: Treue zur Thora. Festschrift für G. Harder, Berlin 1977, S. 54–65.

[134] M. WILCOX, "Upon the Tree" – Dt 21,22f., Journal of Biblical Literature 96 (1977), S. 85ff.

VI. Die Evangelien des Neuen Testaments: Markus Kapitel 14 und 15

1. Die Frage nach der gerichtlichen Verantwortung und der Schuld Jesu

Als christliche Quelle für den Prozeß Jesu kommt vor allem die Leidensgeschichte der Evangelien in Frage. Im Prozeß der Evangelienüberlieferung gilt sie als ein relativ frühes Stück. Schon Paulus pflegte auf sie als Tradition zu verweisen, so auf das Abendmahl (1. Korinther 11,23−25) oder auf Tod, Begräbnis und Auferstehung (1. Korinther 15,3f.). Wahrscheinlich wurde die Leidensgeschichte als eine Art von Haggadah für die Abendmahlsfeier gestaltet, bei der man „den Tod des Herrn verkündigen" sollte, „bis er kommt" (1. Korinther 11,26); analog zum Passahseder, nach dem Jesus sein letztes Mahl mit den Jüngern feierte, wurde der heilsgeschichtlichen Grundlegung dieser Feier im Christusgeschehen gedacht. Gewöhnlich hält man Markus für den ältesten Bericht, von dem die beiden Großevangelien Matthäus und Lukas abhängig sind; für den letzteren wird manchmal auch die zusätzliche Benützung einer Sonderquelle angenommen (J. JEREMIAS, D. CATCHPOLE). Unabhängig von den synoptischen Evangelien und ganz auf eine Sonderüberlieferung gegründet scheint die Leidensgeschichte des Vierten Evangeliums zu sein (Johannes 18 und 19), bei der jedoch das historische Interesse zugunsten des theologischen im Hintergrund steht; das ist auch bei der sonstigen Erwähnung des Todes Jesu, etwa in der Apostelgeschichte und in den Briefen des Neuen Testaments, der Fall.

Wie schon oben erwähnt, wurde Jesus von einer Schar primitiv bewaffneter Männer im Garten Gethsemane verhaftet (Markus 14,43−52); da sie von den Hohenpriestern, Schriftgelehrten und Ältesten beauftragt war, handelte es sich wohl um die Tempelpolizei. Eine Beteiligung römischer Soldaten ist nicht angedeutet; sie hätte verheerende Folgen für die Jünger Jesu gehabt. Diesen geschah nichts; sie konnten flüchten (V. 50) oder wie Petrus der Schar folgen, die Jesus zum Haus des Hohenpriesters führte. Die Römer fühlten sich demnach durch das Auftreten Jesu nicht provoziert wie etwa bei dem Samaritaner, Theudas oder dem Juden aus Ägypten. Von θόρυβος oder στάσις konnte keine Rede sein, die Ordnung war nicht direkt bedroht. Das Eingreifen der jüdischen Behörde galt nur der Verhaftung Jesu. Rein rechtlich gesehen, hielt sich das Vorgehen der Tempelpolizei im Rahmen der Befugnisse, die in den römischen Provinzen der lokalen Justiz eingeräumt wurden; diese war mit der Verhaftung und Voruntersuchung von Verdächtigen betraut[135].

---

[135] Das Synhedrium war unter den Präfekten einmal für die Polizei im Tempelbezirk verantwortlich und dann auch für die Aufrechterhaltung des jüdischen Gesetzes (A. N. SHERWIN-WHITE, Roman Society and Roman Law in the New Testament, Oxford 1963, S. 41). Vgl. auch A. SCHALIT zu der von Gabinius in Judäa eingerichteten Verwaltung: Fünf Synhedrien führten das Volk nach jüdischem Recht, standen aber unter römischer Aufsicht, wobei die Todesstrafe höchstwahrscheinlich den Römern vorbehalten war (World History of the Jews I, 7, Jerusalem 1975, S. 42).

Nach J. WELLHAUSEN wurde die offene, prophetische Kritik Jesu am jüdischen Gesetz und am Tempel in der Verhandlung vor dem Synhedrium verurteilt[136]. Diese Ansicht wird, mehr oder weniger variiert, noch heute vielfach vertreten: Als einen Übertreter des Gesetzes, vor allem der Sabbat- und Reinheitsgebote, habe man Jesus vor das jüdische Gericht gestellt, ihn dann aber mit politischen Anschuldigungen zu Pilatus geschickt[137]. Aber abgesehen davon, daß im Prozeß Jesu das Thema 'Gesetzesübertretung' unerwähnt bleibt, belastet man durch solch eine Darstellung die jüdische Obrigkeit in einem Maß, das selbst die gewiß nicht judenfreundliche Einstellung der vier Evangelien übertrifft. Die politische Anschuldigung des Aufruhrs oder Messiasanspruchs war nicht einfach böswillige Erfindung der Juden. Denn nach den Evangelien hat Jesus selbst sich als Messias, als der „König der Juden", bekannt und wurde deshalb mit zwei „Räubern", d. h. politischen Rebellen, zum Tod am Kreuz verurteilt.

2. Die Leidensgeschichte im Lichte der Literarkritik

a) H. LIETZMANN: Die historische Kritik

Freilich wird heute an der Art, wie der Prozeß Jesu in den Evangelien dargestellt ist, eine geradezu vernichtende Kritik geübt, vor allem was deren historische Genauigkeit anlangt[138]. Das ist nicht erst die Folge der formgeschichtlichen Betrachtungsweise. Denn unmittelbar vor dem Erscheinen der beiden großen formgeschichtlichen Werke von M. DIBELIUS und R. BULTMANN schrieb H. LIETZMANN eine Studie literarkritischer Art zum Prozeß Jesu, deren mit eindrücklicher Klarheit vorgetragene Thesen für die Folgezeit besonders bedeutsam wurden[139]. In ihr wird die Leidensgeschichte der Evangelien als religiöses Werk von hoher Qualität bewertet, das ein geschichtliches Geschehen poetisch verklärt. Grundlegend für ihre Ausgestaltung sei ausschließlich Markus gewesen; die anderen Evangelisten hatten keine Sonderüberlieferung. Methodisch gelte es, durch das poetische Gewebe und die Stilisierung der Markusdarstellung zum Kern eines einfachen Berichts durchzustoßen, der eine zuverlässige Erkenntnis des histori-

---

[136] Das Evangelium Marci, 2. Aufl. Berlin 1909, S. 99 zu Markus 13,2 und S. 58. 123ff. zu Markus 14,58.

[137] Vgl. etwa FRANCES M. YOUNG, Temple Cult and Law in Early Christianity, New Testament Studies 19 (1973), S. 325–339: Die vorgebrachten Anschuldigungen hatten nicht ausgereicht, um eine Verurteilung wegen Blasphemie zu erreichen (vgl. Johannes 18,31: „Es ist gesetzlich für uns nicht möglich, ihn zum Tod zu verurteilen"). *"They had to resort to political pretexts in order to get rid of Jesus by legal means"* (S. 338).

[138] Vgl. dazu R. MORGAN, Nothing more Negative. A Concluding Unscientific Postscript to Historical Research on the Trial of Jesus, in: E. BAMMEL (ed.), The Trial of Jesus (Studies in Biblical Theology II, 13), London 1970, S. 153.

[139] Der Prozeß Jesu (Sitzungsberichte der Preußischen Akademie der Wissenschaften, Phil. hist. Klasse 1931, 14), Berlin 1934, S. 313–322, jetzt in: DERS., Kleine Schriften II, ed. K. ALAND (Texte und Untersuchungen 68 [V, 13], Berlin 1958, S. 251–263 mit zwei Nachträgen, in denen sich LIETZMANN mit den Kritikern seiner Darstellung auseinandersetzt (S. 264–276).

schen Sachverhalts ermöglicht; am Gelingen solch eines Unternehmens brauche man nicht zu zweifeln. LIETZMANN glaubt, die Leidensgeschichte beruhe auf einem Zeugnis aus erster Hand. Die Ereignisse des ersten Teils (Markus 14): die Ansage des Verrats, der Gebetskampf im Garten Gethsemane, die Verhaftung Jesu und die Verleugnung des Petrus seien von Petrus berichtet worden; für die Hinrichtung Jesu auf Golgatha (Markus 15) käme der Kreuzträger Simon von Kyrene als Berichterstatter in Betracht (S. 253f.).

Jedoch ist nach LIETZMANN ein großer Abschnitt der Leidensgeschichte ohne historischen Kern, nämlich das Verhör Jesu vor dem jüdischen Synhedrium (Markus 14,55—64). Formal-ästethische und inhaltlich-historische Gründe führten zu diesem negativen Urteil. LIETZMANN vergleicht das Verhör Jesu mit dem Prozeß des Stephanus nach der Apostelgeschichte (Kapp. 6—7) und meint, die Schilderung des letzteren sei verständlich und glaubhaft, während das vom ersteren nicht gesagt werden könne (S. 256). Wenn Stephanus erklärte, er sehe Jesus, einen gekreuzigten und damit von Gott verworfenen Menschen, zur Rechten Gottes stehen (7,56), so sei dies für jüdisches Empfinden eindeutig ein Fall von Blasphemie. Beim Prozeß Jesu aber sei der Vorwurf der Blasphemie unverständlich; Jesu Erwartung, er werde demnächst als Menschensohn zur Rechten Gottes sitzen, könne allenfalls als Narrheit, aber nicht als Lästerung erscheinen (S. 256). Vor allem aber wurde Jesus nicht gesteinigt, wie man das nach einer solchen Anklage erwarten müßte, sondern gekreuzigt. Daraus schließt LIETZMANN, Jesus sei überhaupt nicht vom jüdischen Synhedrium verhört oder verurteilt worden, vielmehr sprach der römische Präfekt das Todesurteil (S. 257). Das ganze, recht lückenhafte Stück Markus 14,55—64 könne demnach nicht historisch sein. Es enthalte zudem noch weitere Schwierigkeiten. So habe z. B. das darin vorgebrachte Wort Jesu, er wolle den Tempel abreißen (Markus 14,58), nichts mit dessen wirklicher Lage zu tun. LIETZMANN vermutet, es könnte aus dem Prozeß des Stephanus hergeleitet und später eingefügt worden sein[140]. Ferner sei die Frage des Hohepriesters (Markus 14,61) unjüdisch formuliert; die darin vorkommende Bezeichnung „Gottessohn" war damals kein gebräuchlicher Messiastitel. Schließlich sei das Schweigen Jesu (ibid.) durch Jesaja 53, das Lied vom schweigend leidenden Gottesknecht, motiviert (S. 255).

Wenn sich so die Einzelzüge dieses Abschnittes als schwer begreiflich, fromme Dichtung oder auch als später eingetragen herausstellen, so bleibt der Schluß unvermeidlich: Es gab in Wahrheit keine Verurteilung Jesu durch das Synhedrium (S. 261). Den Anstoß zu seiner Kritik hatte LIETZMANN vom Werk des französischen Juristen J. JUSTER 'Les Juifs dans l'Empire Romain'[141] erhalten, dessen Bedeutung den deutschen Exegeten wegen des ersten Weltkriegs lange Zeit verborgen blieb. Nach JUSTER besaßen die jüdischen Gerichte auch unter den römischen Präfekten volle Autonomie; die Auskunft der Juden: „Wir dürfen niemand töten!" (Johannes 18,31), sei unhistorisch, wobei JUSTER nicht zuletzt auf die Steinigung des Stephanus verweist (S. 133—140). Im Fall Jesu war dem-

---

[140] Vgl. Apostelgeschichte 6,14 mit Markus 14,58, S. 254f.
[141] 2 Bände, Paris 1914. Vgl. dazu A. M. RABELLO, The Legal Condition of the Jews in the Roman Empire, ANRW II 13, ed. H. TEMPORINI, Berlin—New York 1980, S. 662—762.

nach Pilatus nicht einfach der Vollstrecker eines jüdischen Gerichtsurteils. Wäre solch ein Urteil über Jesus je ergangen, so hätte es die Steinigung zur Folge gehabt. Weil das nicht geschah, trägt Pilatus die volle Verantwortung. Der Bericht vom Verhör Jesu durch das jüdische Synhedrium verdankt nach LIETZMANN seine Entstehung der immer stärker wachsenden Tendenz, in den Juden die Hauptschuldigen an Jesu Hinrichtung und in Pilatus deren willfähriges Werkzeug zu sehen (S. 263). Das Urteil von LIETZMANN hatte beträchtliche Wirkung, rief aber auch Widerspruch hervor[142]. Man muß ihm entgegenhalten, daß bereits unter Herodes dem Großen und später unter den Präfekten das Jerusalemer Synhedrium keine Vollmacht hatte, die Todesstrafe zu vollziehen[143]. Die oben angeführten Berichte des Josephus vom Schicksal der jüdischen Propheten oder Lehrer lassen diese Unselbständigkeit erkennen, und auch der Talmud weist darauf hin: Vierzig Jahre vor der Zerstörung des Tempels sei dem großen Synhedrium das Recht der peinlichen Gerichtsbarkeit entzogen worden[144]. Vor allem aber hat LIETZMANN die Logik des markinischen Berichts vom Verhör Jesu nicht verstanden und sah sich aus diesem Grunde vor unlösbare Schwierigkeiten gestellt.

b) Die formgeschichtliche Kritik: Kerygma und Kult der Kirche

Die unmittelbar darauf einsetzende Anwendung der formgeschichtlichen Methode läßt die Gattung 'Evangelien' als ein aus kleinen, ursprünglich mündlich überlieferten Einheiten zusammengesetztes Mosaik erscheinen, in welchem die Leidensgeschichte einen beträchtlichen Raum einnimmt. Dabei lehnt man es ab, primär nach der Geschichtlichkeit des Berichteten zu fragen, wie das noch bei LIETZMANN geschah. M. DIBELIUS[145] hat die Leidensgeschichte — abgesehen von der einleitenden Erzählung der Salbung Jesu in Bethanien — noch als geschlossene Einheit betrachtet und als ihren „Sitz im Leben" die Predigt der Apostel bestimmt: Weil in dieser Kreuz und Auferstehung das Zentrum bilden, war die frühe Ausbildung einer zusammenhängenden, die Predigt illustrierenden, Geschichte vom

---

[142] Zu der ihr folgenden Diskussion: M. DIBELIUS, Das historische Problem der Leidensgeschichte, Zeitschrift für Neutestamentliche Wissenschaft 30 (1931), S. 193–201; dazu H. LIETZMANN, Bemerkungen zum Prozeß Jesu, ibid., S. 211–215 und DERS., Zeitschrift für die Neutestamentliche Wissenschaft 31 (1932), S. 78–84; FR. BÜCHSEL, Die Blutgerichtsbarkeit des Synhedriums, ibid. S. 202–210; M. GOGUEL, A propos du procès de Jésus, ibid. S. 289–301; FR. BÜCHSEL, Noch einmal zur Blutgerichtsbarkeit des Synhedriums, Zeitschrift für die Neutestamentliche Wissenschaft 33 (1934), S. 84–87; T. A. BURKILL, The Competence of the Sanhedrin, Vigiliae Christianae 10 (1956), S. 80–96.
[143] J. BLINZLER, a.a.O. S. 229ff.; E. BAMMEL, Die Blutgerichtsbarkeit in der römischen Provinz Judäa, Journal of Jewish Studies 25 (1974), S. 35–49; M. HENGEL, Zwischen Jesus und Paulus, Zeitschrift für Theologie und Kirche 72 (1975), S. 188.
[144] Babyl. Talmud Sanhedrin 41a, Schabbath 15a; Jerus. Talmud Sanhedrin I, 1, VII,2. 40 Jahre sind eine runde, biblisch vorgegebene Zahl, die oft den Sinn von Generation oder Lebensalter bedeutet. Dazu A. SCHALIT, Die Erhebung Vespasians nach Flavius Josephus, Talmud und Midrasch, in: Aufstieg und Niedergang der Römischen Welt II, 2, ed. H. TEMPORINI, Berlin–New York 1975, S. 265f.
[145] Die Formgeschichte des Evangeliums, Tübingen, 5. Aufl. 1966.

PROBLEME DES PROZESSES JESU   59

Leiden Jesu zu erwarten (S. 179f.). Gewisse Ungereimtheiten, z. B. in Markus 14,1–3, weisen auf eine bereits vormarkinische Leidensgeschichte; in 14,51 und 15,21 werden Augenzeugen erwähnt. Aber bereits der alte, von Markus verwertete, Bericht war nach DIBELIUS durch alttestamentliche Bezüge als heilsgeschichtliche Tat Gottes ausgewiesen, d. h. in seiner Tendenz theologisch orientiert (S. 179–189). Historische Tatsachen sind die Gefangennahme Jesu, die Mitwirkung des Judas Ischarioth und die Kreuzigung; als ursprünglich müssen auch die endgültige Verhandlung vor dem Synhedrium und die vor Pilatus gelten (Markus 15,1–5). Für das nächtliche Verhör vor dem Synhedrium (Markus 14,55–64) gab es keine Zeugen.

Aber spricht die zuletzt genannte Tatsache gegen die Geschichtlichkeit? Vom nächtlichen Verhör werden keine Einzelheiten, sondern nur die Anklage und das Urteil berichtet. Diese mußten der Öffentlichkeit vor der Hinrichtung bekannt gegeben werden; sie erscheinen in der Verspottung des Gekreuzigten und und auf der Inschrift am Kreuz[146].

Auch BULTMANN rechnet mit einem alten, vormarkinischen Bericht, der aber recht kurz war und auf die Erwähnung der schon von DIBELIUS aufgezählten Fakten beschränkt blieb: Die Verhaftung und die Verurteilung durch das Synhedrium und durch Pilatus, dann die Abführung zum Kreuz, die Kreuzigung und der Tod Jesu[147]; es sind dies die Ereignisse, die in allen vier Evangelien die Grundlage der Leidensgeschichte bilden. BULTMANN läßt sich methodisch streng von der Frage leiten, was als Tradition der christlichen Gemeinde denkbar sei (S. 291); statt der Sachkritik steht die Literarkritik im Vordergrund. Deshalb empfindet er stärker als DIBELIUS die literarische Disparatheit der Leidensgeschichte, die er aus kleinen Episoden zusammengefügt sieht. Nicht nur die Salbung in Bethanien, sondern auch die Weissagung des Verrats, die Erzählung von Jesu Gebet in Gethsemane, die Berichte vom letzten Mahl Jesu und von der Verleugnung des Petrus seien als Glaubens- bzw. Kultlegenden der christlichen Gemeinde unabhängig von der Leidensgeschichte entstanden und erst später in diese eingebaut worden (S. 297–299). Nach BULTMANN war die Komposition dieser Geschichte von zwei Faktoren bestimmt: Einmal von der Erinnerung an die geschichtlichen Ereignisse wie Verhaftung, Verurteilung und Hinrichtung, und dann vor allem von dem kerygmatischen Interesse der Gemeinde. Nur in der Leidensgeschichte habe der historische Ablauf von Ereignissen der Geschichte Jesu die Darstellung der Evangelisten beeinflußt; für das ihr voraufgehende Wirken Jesu gelte das nicht. Dieses Zugeständnis für die Leidensgeschichte ist immerhin bemerkenswert. Aber BULTMANN meint, auch in ihr blieben die tatsächlichen Gründe für die Verhaftung und Hinrichtung Jesu, die Art der Anklage, die Durchführung des Verhörs und das Urteil letzlich unbekannt, weil durch das kerygmatische und kultische Interesse der überliefernden Kirche ver-

---

[146] Vgl. auch J. JEREMIAS, Neutestamentliche Theologie, a.a.O. S. 255 Anm. 52 „... als ob es sich nicht in Jerusalem wie ein Lauffeuer herumgesprochen hätte, weshalb der Prophet aus Galiläa den Römern zur Verurteilung ausgeliefert worden war".
[147] Die Geschichte der synoptischen Tradition (Forschungen zur Religion und Literatur des Alten und Neuen Testaments 29 [= N.F. 12]), Göttingen, 3. Aufl. 1957.

deckt. Er gibt keinen Hinweis auf etwaige Augenzeugen, sondern konzentriert sich auf die Geschichte der Tradition, die sich im Raum der Gemeinde vollzog und bei den Evangelisten endete. Für die Gemeinde spielte außer novellistisch-erbaulichen Motiven (S. 306f.) vor allem der Weissagungsbeweis eine wichtige Rolle[148]. Denn gerade die als skandalös empfundene Kreuzigung mußte bis in die Einzelzüge hinein als gottgewollt, als erfüllte Prophetie erscheinen (S. 304f.). Neben der apologetischen Deutung verschaffte sich das christologische Bekenntnis der Gemeinde in der Leidensgeschichte Raum (S. 307); dem kultischen Bedürfnis sowohl der Judenchristen wie auch der Hellenisten verdankt der Bericht vom Abendmahl seine jetzige Gestalt (S. 285). Was speziell die Erzählung vom Verhör durch das Synhedrium anlangt (Markus 14,55—64), so hält BULTMANN sie für eine sekundäre Ausführung der Angabe Markus 15,1, die von einer Synhedriumssitzung am Morgen spricht (S. 290). Da Jesu Messiasanspruch für die Kirche einen wichtigen Streitpunkt mit den Juden bildete, nahm man ihn auch als Grund für die Verurteilung Jesu an; deshalb gehöre die Frage nach Jesu Messianität in Markus 14,60—62 zur primären Tradition, während das Tempelwort (V. 57—59) sekundär sei (S. 291).

Meines Erachtens hat BULTMANN die produktive Kraft der christlichen Gemeinde weit überschätzt, auch ist die Aufsplitterung der Leidensgeschichte in kleine, vom Bedürfnis der Christen gestaltete Einheiten höchst problematisch. Es ist zwar zuzugeben, daß Art und Auswahl des tradierten Gutes vom Glauben und dem Gottesdienst der ersten Christen mit bestimmt sind. Aber das bedeutet nicht, daß die Gemeinde beliebig Neues schaffen konnte; sie hielt sich an die Lehre der Apostel, der ersten Zeugen von Jesus (Apostelgeschichte 2,42; Galater 2,1). Das gilt grundsätzlich auch für den Gebrauch der Schrift: Er verführte nicht einfach dazu, erbauliche Vorgänge zu produzieren, vielmehr hat man vom Alten Testament her geschichtliche Tatsachen illuminiert, sie an Gottes Heilsplan orientiert. Auch das Bekenntnis zu Jesus als Christus ist nicht einfach Ausdruck des Osterglaubens der Jünger, sondern hat seinen Anhalt an Jesus und seinem gerade auch in der Leidensgeschichte deutlich hervortretenden Sendungsbewußtsein. Der messianische Charakter des Prozesses Jesu stammt also nicht etwa daher, daß der Christusglaube der Gemeinde nachträglich eine ursprünglich unmessianische Überlieferung überlagerte, und auch nicht von der fälschlich erhobenen Anschuldigung der Juden, Jesus wolle der Messias sein.

c) Die Tendenzkritik

Eine kritische Analyse der Leidensgeschichte wurde neuerdings auch auf jüdischer Seite versucht. An LIETZMANNS Ergebnisse knüpfte P. WINTER in

---

[148] R. BULTMANN, a.a.O. S. 303f. Schon M. DIBELIUS meinte, die ganze Gethsemaneperikope sei aus Stellen wie Psalm 22,25; 31,23; 69,4 herausgesponnen und habe keine historische Basis (a.a.O. S. 214). Vgl. dazu die Kritik an DIBELIUS durch L. SCHENKE, Studien zur Passionsgeschichte des Markus (Forschung zur Bibel 4), Würzburg 1971, S. 476f.; 544—546.

seinem Buch 'On the Trial of Jesus' an[149]. Auch er will den historischen Hergang ermitteln, den er in den Evangelien durch christologische Glorifizierung und durch eine immer stärker werdende antijüdische Tendenz verdeckt sieht: Nicht der historische Ablauf der Ereignisse im Todesjahr Jesu, sondern die aktuelle kirchengeschichtliche Situation komme in der Leidensgeschichte zur Geltung; die Kampfstimmung der Kirche am Ende des 1. Jhdts. überlagere und verzerre die Darstellung des sehr viel früheren Geschehens: Die Gegner Jesu in den Evangelien seien die Juden, die später der Kirche feindlich gegenüberstanden; das historische Detail, die Unterschiede zwischen Sadduzäern, Pharisäern und Schriftgelehrten, sei je länger, je mehr unter einer einschwärzenden Farbe antipharisäischer Polemik verschwunden (S. 51f. 120—136). Entsprechend werde Pilatus zunehmend entlastet, zumal dies für die Lage der Christen im Römischen Reich und den Nachweis der politischen Loyalität der Kirche dienlich war: Der grausame Tyrann, als den ihn Philo schilderte, habe sich im Zeugnis der Kirchenväter und der Legende fast in einen Heiligen verwandelt, und dieser Aufwertungsprozeß für Pilatus beginne bereits in den Evangelien (S. 51—62)[150]. Weiter ausgeführt ist die Behauptung der uneingeschränkten Vollmacht des Synhedriums auch unter der römischen Überherrschaft; das gehe vor allem auch aus dem Prozeß gegen Paulus hervor (S. 69—90). Aus alledem müsse man folgern, daß die Verantwortung für den Prozeß Jesu bei den Römern lag. WINTER geht über LIETZMANN hinaus, wenn er bereits die Verhaftung Jesu durch römische Truppen erfolgt sein läßt, wobei er sich auf Johannes 18,3 (σπεῖρα) beruft[151]. Freilich sei die sadduzäische Priesterschaft Jerusalems eingeweiht gewesen; sie war an der Aufrechterhaltung von Ruhe und Ordnung durchaus interessiert, zumal ein Aufruhr auch ihre eigene Führungsrolle beendet hätte (S. 43). Dagegen gehörten die Pharisäer nicht in Jesu Prozeß, zumal Jesus selbst dem eschatologisch orientierten linken Flügel dieser Partei angehört haben müsse[152]. Das nächtliche Verhör durch das Synhedrium wird als eine von Markus geschaffene Szene beurteilt[153], als historisch unglaubwürdig gelten das Privilegium Paschale, d. h. die Gepflogenheit des Pilatus, am Passahfest einen Gefangenen freizulassen, und die damit verbundene Gegenüberstellung von Jesus und Barabbas (S. 91—99)[153a]. Die Verspottung Jesu im Palast des Hohenpriesters (Markus 14,65) sei eine ungeschichtliche Vorwegnahme der Mißhand-

---

[149] (Studia Judaica 1), Berlin 1961.
[150] Neu und zutreffend ist die Beobachtung, daß die Gestalt des den Prozeß führenden Hohenpriesters zunehmend an Profil gewinnt; bei Markus wird er noch nicht einmal beim Namen genannt.
[151] Aber in Antiquitates 17, 215 bezeichnet dieser Begriff jüdische Truppen. Vgl. J. BLINZLER, a.a.O. S. 90—95.
[152] WINTER glaubt nicht an Jesu Messianität: „Wenn er sich für den Messias gehalten hätte, wäre er mir weit weniger sympathisch" (im Gespräch mit mir).
[153] Sie fehlt bei Lukas, der nach WINTER an diesem Punkt das historisch Richtige bewahrt hat. Abgesehen davon seien Tempelbedrohung und Gotteslästerung religiöse Vergehen, die sich nicht mit der politischen Anschuldigung des Messiasanspruchs vertragen.
[153a] Ganz anders urteilt D. FLUSSER, a.a.O. S. 144f.: Pilatus hätte Jesus nicht kreuzigen lassen, wenn er ihn nicht für den vom Volk losgebetenen Rebellen Barabbas hätte opfern müssen.

lung durch die römischen Legionäre, die aber erst erfolgte, nachdem das Todesurteil gefällt war (S. 101—106).

P. WINTER hat die wachsende antijüdische und dementsprechend prorömische Stimmung der Evangelisten klar gesehen, jedoch ihren verfremdenden Einfluß überschätzt. Die Pharisäer werden zu Recht aus dem Prozeß Jesu herausgehalten, obwohl es nicht angeht, in Jesus selbst einen Pharisäer zu sehen[154]. Auch sind die jüdischen Gegner Jesu im Neuen Testament nicht einfach durch die Brille der kirchlichen Kampfsituation gesehen, sondern haben ihr Profil weitgehend bewahrt. Trotz wertvoller Beobachtungen ist WINTERS Sicht der Dinge selbst nicht ganz objektiv und methodisch ausgewogen, sondern manchmal antikirchlich forciert. Das zeigt die eklektische Bewertung der für ihn maßgebenden ältesten Tradition, die er wechselweise bei Markus, Lukas und sogar Johannes finden kann; ursprünglich, weil historisch zutreffend, seien die Notizen von römischer Verantwortung und Aktivität. Aber die jüdische Behörde darf nicht ausgeschaltet werden; das gibt auch WINTER zu.

d) Die redaktionsgeschichtliche Methode: Markus 14,55—64

Während bei P. WINTER die literarische Kritik stets im Dienst der historischen Untersuchung steht und den Weg zum Urgestein der Überlieferung finden hilft, wird in der neueren kirchlichen Auslegung nicht der historische Hergang, sondern die Theologie der Tradenten exegetisch herausdestilliert. Die formgeschichtliche Ausgrenzung der kleinen Erzählungseinheiten wird ergänzt durch die Betrachtung der Redaktion, d. h. der Arbeit der Evangelisten bzw. ihrer Vorläufer, welche die mündliche Überlieferung gesammelt, zu einem Ganzen komponiert und auch kommentiert haben, wobei sie auch ihre eigenen theologischen Anliegen zur Geltung brachten[155].

Bei der Behandlung der Leidensgeschichte steht das umstrittenste Stück, nämlich die Verhandlung vor dem Synhedrium (Markus 14,55—64), im Vordergrund, dessen Text wir hier wiedergeben:

„(55) Die Hohenpriester und das ganze Synhedrium suchten nach einem Zeugnis gegen Jesus, um ihn zum Tod zu verurteilen, aber fanden keines. (56) Denn viele legten ein falsches Zeugnis gegen ihn ab, aber die Zeugenaussagen waren nicht gleich. (57) Und einige standen auf und brachten folgende falsche Zeugenaussage gegen ihn vor: (58) «Wir haben gehört, wie er sagte: 'Ich werde diesen mit Händen gemachten Tempel niederreißen und innerhalb von drei Tagen einen anderen, nicht mit Händen gemachten, aufbauen'». (59) Aber auch so stimmte ihre Zeugenaussage nicht überein. (60) Da erhob

---

[154] Richtiger hatte J. KLAUSNER geurteilt, Jesus habe nichts gelehrt, was ihn nach pharisäischer Vorschrift des Todes schuldig gemacht habe, obwohl er in vieler Hinsicht von deren Lehren abwich (Jesus of Nazareth, London 1925, S. 465).

[155] Vgl. W. SCHENK, Der Passionsbericht nach Markus. Untersuchungen zur Überlieferungsgeschichte der Passionstraditionen, Gütersloh 1974. Die erste Frage, deren Klärung hier nötig erscheint, lautet: Welche theologischen Deutungen hat die Leidensgeschichte im Laufe ihrer früheren Überlieferungsgeschichte erfahren? (S. 8).

sich der Hohepriester, trat in die Mitte und fragte Jesus: «Antwortest du mit keinem Wort auf das, was diese gegen dich aussagen?» (61) Er aber schwieg und antwortete kein Wort. Da fragte ihn der Hohepriester nocheinmal und sprach: «Bist du der Messias, der Sohn des Hochgelobten?» (62) Jesus aber sprach: «Ich bin's, aber ihr werdet den Menschensohn sitzen sehen zur Rechten der Kraft und kommen sehen mit den Wolken des Himmels». (63) Da zerriß der Hohepriester seine Kleider und sprach: «Wozu brauchen wir noch weitere Zeugen? (64) Ihr habt seine Lästerung gehört; was dünkt euch?» Sie aber urteilten alle über ihn, er sei des Todes schuldig. (65) Und einige fingen damit an, ihn anzuspeien, ihm das Gesicht zu verhüllen und ihn zu schlagen und dabei zu sagen «Weissage!». Und die Diener gaben ihm Ohrfeigen."

Für die überwiegende Mehrheit der neueren Exegeten stellt dieser Bericht keine Einheit dar, sondern ist aus verschiedenartigen Stücken zusammengesetzt. Der kompositorischen Leistung des Evangelisten gilt das methodische Interesse. Nach E. LOHSE gehört das hier vorgebrachte Tempelwort (V. 57–59) am ehesten mit der Tempelreinigung zusammen[156], wo es der Evangelist Johannes untergebracht hat (2,19); es kann deshalb nicht den eigentlichen Gegenstand des Prozesses Jesu gebildet haben (S. 84)[157]. Der Evangelist schiebe diesen ersten Teil der Verhandlung gleichsam beiseite, das Zeugenverhör sei ergebnislos verlaufen (S. 85). Eigentümlich sei ferner, daß in V. 61 Christus und Gottessohn gleichbedeutend nebeneinanderstehen; das antike Judentum habe den Titel „Gottessohn" sorgfältig gemieden (S. 85). Den Einfluß des Christusglaubens der Kirche verrate nicht nur der „Gottessohn", sondern auch die in V. 62 vollzogene Verbindung von Menschensohn (vgl. Daniel 7,13) und Erhöhung zur Rechten Gottes nach Psalm 110 (S. 86). Absicht dieser von der christlichen Gemeinde gebildeten Perikope sei es, die jüdischen Behörden für die Verurteilung Jesu verantwortlich zu machen und ihr Bekenntnis zu Jesus als Christus und Gottessohn herauszustellen. Zwar hält es LOHSE für historisch, daß das Synhedrium Jesus festnehmen ließ, ihn einem Kreuzverhör unterwarf und ihn dann dem römischen Präfekten übergab (S. 87f.). Warum geschah dies alles? Die Antwort darauf gibt LOHSE in einer Erklärung zu Markus 15,2: „Offensichtlich ist Jesus als ein politisch verdächtiger Mann, dessen Predigt eine nicht tragbare Beunruhigung unter der Bevölkerung Jerusalems hervorgerufen habe, den Römern in die Hände gegeben und an sie der Antrag gerichtet worden, ihn zu beseitigen" (S. 89). Dabei könnte die Anklage, Jesus habe sich als König der Juden ausgegeben, auf eine absichtliche Verdrehung seiner Predigt von der Königsherrschaft Gottes gegründet worden sein. Ähnlich wie P. WINTER sieht auch LOHSE die Darstellung des Pilatus in den Evangelien vom Bestreben der Kirche beherrscht, den Römern gegenüber loyal zu sein (S. 90); in Wahrheit habe der römische Präfekt nicht lang gezögert, Jesus hinrichten zu lassen (S. 93). Legendär sei die Barabbas-Szene (S. 92), und nach Ps

---

[156] E. LOHSE, Die Geschichte des Leidens und Sterbens Jesu Christi, Gütersloh 1964.
[157] Gegen G. D. KILPATRICK, The Trial of Jesus, London–New York 1953, S. 10–13, der gerade dem Angriff Jesu gegen den Jerusalemer Tempel größte Bedeutung beimißt.

2,2, dem Widerstand der Könige und Herrscher gegen den Herrn und seinen Gesalbten, die lukanische Nachricht erdacht, Pilatus habe Jesus auch dem Herodes Antipas vorführen lassen (S. 91)[158]. Im Einklang mit dem von LOHSE behaupteten Wandel der Anklage steht auch die Ansicht, Jesus sei von den Juden als falscher Prophet, von den römischen Soldaten als falscher König mißhandelt worden (S. 93)[159].

Aber LOHSE hat den wahren Zusammenhang und die innere Einheit der Markusdarstellung nicht erkannt und deshalb ebenfalls den durch nichts begründeten Verdacht geäußert, die Juden hätten Jesus fälschlich vor Pilatus angeklagt, ihn zu Unrecht und durch Verdrehung seiner Botschaft eines politischen Führungsanspruchs über Israel verdächtigt. Das ist, wie ich später zeigen möchte, glücklicherweise einfach falsch. Ähnlich wird auch die neutestamentliche Gemeinde schwerer Fälschungen beschuldigt; die Juden, die Jesus verwarfen, und die Christen, die an ihn glaubten, hätten auf ähnliche Weise die Wahrheit verkehrt. Denn nach LOHSE wurde eine messianische Lüge der Juden gleichsam als grundlegende Wahrheit ins christliche Credo aufgenommen; Kaiphas wird so zum Vater der Christologie. Man gewinnt den Eindruck, ein Mischmasch aus Irrtum und Gewalt habe in der Leidensgeschichte geherrscht und später zur Entstehung des Glaubens der Kirche mit ihren Aposteln und Bischöfen geführt.

P. BENOIT[160] meint, der richtige Ablauf des Verhörs im Prozeß Jesu sei bei Johannes und bei Lukas zu finden, nicht bei Markus. In der Nacht habe ein halboffizielles Verhör vor Hannas stattgefunden (Johannes 18,13−23), dann am Morgen das offizielle vor Kaiphas (Johannes 18,24, vgl. Markus 15,1). Lukas kenne nur das letztere, jedoch passe das halboffizielle Verhör vor Hannas auch zu seiner Darstellung, zumal er in 3,1, beide, Hannas und Kaiphas, nebeneinander als Hohepriester nennt. Die Juden haben nach BENOIT Jesus nicht als ihren König anerkannt, aber ihn als solchen an Pilatus ausgeliefert: „*The trial became political, and Jesus was condemned by Pilate as King of the Jews*" (S. 92). Auch aus dieser Sicht der Dinge wird der Vorwurf unvermeidlich, die Juden hätten Jesus fälschlich als Messias angezeigt.

Während E. LOHSE die literarische Analyse mit der historischen Frage verbindet, will J. GNILKA[161] die historische Frage zunächst ausklammern, da man sonst die verschiedenen Ansätze durcheinanderbringe (S. 5). Er gliedert die Leidensgeschichte in zwei Teile, von denen der erste mit der Verleugnung des Petrus schließt, der zweite mit der Verhandlung vor Pilatus (Markus 15,2ff.) beginnt und mit der Entdeckung des leeren Grabes endet (S. 7). Der erste Abschnitt sei stärker paränetisch, der zweite aufgrund von Wiederholungen anamnetisch geartet; dabei geschehe die Anamnese mit Hilfe der Schrift. Während aber im ersten

---

[158] Das Gleiche hatte schon M. DIBELIUS vermutet: Herodes und Pilatus, Zeitschrift für die Neutestamentliche Wissenschaft 16 (1915), S. 113−126.
[159] So auch P. BENOIT, The Passion and Resurrection of Jesus Christ, London 1966, S. 88−92.
[160] A.a.O. S. 80ff.
[161] Die Verhandlungen vor dem Synhedrium und vor Pilatus nach Markus 14,53−15,5, in: Evangelisch-Katholischer Kommentar 2, Zürich 1970, S. 5ff.

Abschnitt die Schrift ausdrücklich zitiert wird (Markus 14,21.27.49), ist im zweiten auf sie Bezug genommen, ohne daß ausdrückliche Zitate erscheinen. Beide Teile seien vormarkinisch; der Evangelist habe sie durch die Bemerkung 15,1 miteinander verknüpft.

Das Verhör vor dem Synhedrium Markus 14,55—64 ist der Verhandlung vor Pilatus 15,2—5 nachgebildet. In dieser entdeckt GNILKA zwei Schichten: Nach der früheren, den Versen 3—4, hat Jesus die Anklage der Juden durch Schweigen beantwortet, in der späteren, Vers 2, wird die von Jesus beantwortete Frage nach der Königswürde hinzugefügt[162]; die letztere ist Voraussetzung für die Verspottung und die Gegenüberstellung Jesus—Barabbas. Eine analoge Zweistufigkeit wird für das voraufgehende Verhör vor dem Synhedrium behauptet: Das Wort vom Tempel passe nicht zur Frage nach dem Messiasanspruch Jesu; es sei diesem gegenüber schon deshalb sekundär, weil es gleichsam als spezifizierte Anschuldigung der allgemeinen Anklage der Zeugen (V. 56b) nachgetragen sei. Der ganze Bericht Markus 14,55—64 sei dem primären Verhör vor Pilatus 15,2—5 nachgebildet, wie schon die gleiche Struktur beweise: Anklage und Schweigen, Messiasfrage und Verspottung.

Aber dieser lange, in mehreren Stufen sich vollziehende, Prozeß der literarischen Gestaltwerdung der Leidensgeschichte ist recht unwahrscheinlich. Man braucht die Analogie in der Darstellung der beiden Verhöre nicht zu leugnen, aber sie ist wesentlich von der Sache her bedingt, der gleichen Anklage und der gleichen Reaktion Jesu. Vor allem aber wird bei solcher vom Geschehen abgezogener Analyse künstlich voneinander getrennt, was geschichtlich und theologisch zusammengehört, so das Tempelwort und die Messiasfrage, das Verhör vor dem Synhedrium und vor Pilatus. Grundsätzlich muß man sagen, daß die Annahme mehrerer literarischer Schichten in der Leidensgeschichte bisher zu keinem überzeugenden Ergebnis geführt hat; die abstrakte Literanalyse ist ein Gemisch von Binsenwahrheiten und Wiederholungen, unbewiesenen Hypothesen und Aporien. Am Anfang der Exegese muß der Versuch stehen, die vorliegende Perikope als sinnvolle Einheit auszulegen; gelingt das nicht, so müssen zuerst das eigene Wissen und Können kritisch hinterfragt werden, ehe man mit der Vivisektion des Textes beginnt.

e) Die „Dekomposition" von Markus 14,55—64

Der wohl einseitigste Versuch, die Probleme von Markus 14,55—64 auf literarischem, formal-analytischem Weg zu lösen, wird in E. LINNEMANNs 'Studien zur Passionsgeschichte' gewagt[163]. In ihnen wird ebenfalls ein langwieriger Entstehungsprozeß vorausgesetzt, wobei die Autorin auf die Sprachgestalt des Berichtes achtet und an unverständlichen Stellen den Anhaltspunkt zur Quellenscheidung findet. Von den historischen Fragen des Prozesses wird zunächst abgesehen (S. 9f.), weil diese erst dann sinnvoll gestellt werden könnten, wenn die lite-

---

[162] So schon bei R. BULTMANN, a.a.O. S. 293.
[163] (Forschungen zur Religion und Literatur des Alten und Neuen Testaments 102), Göttingen 1970.

rarische Frage nach der ursprünglichen Textfassung beantwortet sei (S. 13.171f.). Markus habe aufgrund einer gewaltigen kompositorischen und theologischen Leistung eine Vielzahl kleiner Erzählungen zu einer Leidensgeschichte zusammengearbeitet; insgesamt 20, vielleicht sogar 21, selbständige Einzeltraditionen ließen sich noch erkennen (S. 175, Anm. 6). Der Weg zur ursprünglichen Textfassung erfordere eine „Dekomposition" des vorliegenden Textes, die bei dessen Aporien einsetzen, dann aber auch in einer „Synthese", d. h. einer logisch sinnvollen Einheit, zum Abschluß kommen soll. In Markus 14,53—65 findet E. LINNEMANN eine ganze Reihe solcher Aporien, die erstaunlicherweise den Exegeten meist verborgen bleiben (S. 12). Unerwartet komme z. B. die Einzelaussage der Zeugen V. 57 nach der summarischen Feststellung V. 56, 58, und unmotiviert werde nach dem erfolglosen Zeugenverhör die Messiasfrage gestellt (V. 60), die dem Verhör das Gewicht nimmt. Ebenso bringe die Antwort Jesu (V. 62) das bis dahin herrschende Motiv des Schweigens Jesu um seine Wirkung. Außerdem weichen die Christusprädikate in der Frage des Hohenpriesters und in der sie modifizierenden Antwort Jesu voneinander ab (V. 60.62). Schließlich sei das Tempelwort Jesu (V. 58) eine absurde Behauptung, da nicht nur der Wiederaufbau des Tempels in drei Tagen, sondern bereits seine Zerstörung durch einen Einzelnen eine Unmöglichkeit darstelle[164]. „Das falsche Zeugnis besteht demnach darin, daß Jesus eine vermessene Behauptung zugeschrieben wird, die er gar nicht geäußert hat" (S. 132).

Diese literarischen Probleme wurden nach LINNEMANN dadurch verursacht, daß zwei verschiedene, ursprünglich selbständige, Stücke ineinandergeschoben wurden: a) Eine Perikope vom Schweigen Jesu (a), in deren Zentrum das falsche Zeugnis vom Abbruch des Tempels steht (V. 55—58); Jesus soll dazu Stellung nehmen (V. 60b. 61b), statt dessen schweigt er (V. 61a)[165]. b) Das zweite Erzählungsstück handelt von der Verurteilung des Messias (S. 133—135). In ihm ist das falsche Zeugnis nur pauschal erwähnt (V. 55f.). Die Entscheidung wird mit der Messiasfrage des Hohenpriesters (V. 60a 61b) und dem Bekenntnis Jesu (V. 62) herbeigeführt; das letztere wird als Gotteslästerung und des Todes würdiges Vergehen verurteilt (V. 63f.; S. 129). Von diesen beiden Perikopen sei die vom Schweigen Jesu (a) die spätere: Sie war, wie auch GNILKA annahm, als Dublette zu Markus 15,1—5 entstanden (S. 131), während der Bericht von der Verurteilung des Messias dem Bekenntnis der Jünger zu Jesus dem Christus entsprang, das den Gegnern der Kirche als Blasphemie erschien (S. 133).

Diese Analyse ist, wie E. LINNEMANN selbst zugibt, nicht neu. Schon E. HIRSCH hatte beim Versuch, das ganze Markusevangelium auf zwei Quellen zu verteilen, sie ähnlich vorgenommen, wobei er die abschließende Verspottung Jesu beiden Quellen zuschrieb und psychologisierend als einen Wutausbruch wegen des mißlungenen Verhörs bewertete[166]. Aber solche Quellenscheidung und „Dekom-

---

[164] S. 109—132, bes. 132: Die Sprengstoffe waren ja noch nicht erfunden!
[165] Diese erste der beiden von E. LINNEMANN postulierten Perikopen umfaßte demnach V. (55). 57. 58. 61b. 61a. Der V. 59 wird als eine aus V. 57 herausgesponnene Größe in keine der beiden von Markus verwendeten Perikopen aufgenommen.
[166] E. LINNEMANN, a.a.O. S. 129f.; S. 129f.; E. HIRSCH, Frühgeschichte des Evangeliums I: Das Werden des Markusevangeliums, Tübingen 1941, S. 162f. 263f.

position" des Textes sind unvollständig: Die sogenannte Perikope vom Tempelwort hat keine Pointe, und im zweiten Stück hängt die Messiasfrage in der Luft; es fehlt ihr die Basis der Zeugenaussage. Man versteht auch nicht, warum Markus die beiden heterogenen Stücken hätte zu einer Einheit verbinden sollen: Konnte er denn diese Menge von Aporien innerhalb weniger Verse gar nicht sehen?[167]. Er besaß ja eine Fülle von Traditionen und verfügte darüberhinaus, wie LINNEMANN richtig sagt, über eine glänzende kompositorische und theologische Begabung (S. 175). Aber sind es wirkliche Aporien, was LINNEMANN in diesem Text entdeckt? Solch ein Eindruck entsteht meines Erachtens gerade da, wo man die literarische Betrachtungsweise isoliert, unter Absehung vom Inhalt betreibt und den Maßstab moderner, analysierender, Logik an einen Text anlegt, der im Geist des spekulativ-kombinierenden, auf die Heilige Schrift rekurrierenden, Judentums abgefaßt ist. Nur dann, wenn die beiden, von LINNEMANN isolierten, Teile des Textes als zusammengehörig betrachtet werden, ergibt der Verlauf des Verhörs Jesu einen Sinn. Sie bedingen und begründen einander; die sogenannten „Brüche" existieren weniger in der Wirklichkeit des Textes, als vielmehr in der Einbildung der Exegeten.

Wichtiger als die formgeschichtliche und die redaktionsgeschichtliche Methode ist für den neutestamentlichen Exegeten die traditionsgeschichtliche Synthese, die mit der Einheit der beiden Testamente rechnet, mit der Tatsache, daß für Jesus und die Juden allgemein, für seine Jünger und die Autoren des Neuen Testaments, die Tora Moses, die Bücher der Propheten und die Schriften das Wort Gottes darstellten, das sich im Leben bewährt und in der Endzeit erfüllt. Dieser Bezug zur Heiligen Schrift ist aber nicht nur literarische Theorie. Er wird nicht etwa nur nachträglich am grünen Tisch des Exegeten hergestellt, sondern ist in geschichtlich wirksamen Größen vorgegeben: im Messiasanspruch Jesu und seinem Wort vom Tempel, der Anschuldigung der Zeugen und der Frage des Hohenpriesters; er bildet den Sinn des ganzen Verhörs. Die traditionsgeschichtliche Methode ist der Weg, auf dem man sich diesem Glaubens- und Lebensgrund der biblisch bestimmten Überlieferung des Volkes Israel nähern und dessen Bedeutung für einen speziellen Text des Neuen Testaments herausfinden kann. Das bedeutet, daß man die modernen Denkmethoden so weit als möglich zurücktreten läßt und sich der biblischen Psychologie des neutestamentlichen Menschen anbequemt. In dieser Weise soll im folgenden der entscheidende Abschnitt vom Verhör Jesu Markus 14,55—65 interpretiert werden.

3. Die traditionsgeschichtliche Auslegung: Die Einheit von Markus 14,55—65

a) Der biblische Hintergrund

Ich gehe von der Voraussetzung aus, daß das Tempelwort Jesu (V. 55—58), die Messiasfrage (V. 59—64) und die Verspottungsszene (V. 65) von Anfang an

---

[167] In dieser Hinsicht wirkt die Annahme zweier durchgehender Quellen einleuchtender, obwohl auch sie künstlich ist.

zusammengehören, einander voraussetzen und stützen, sodaß die Perikope Markus 14,55—65 ein geschlossenes Ganzes ohne Nahtstellen und Brüche bildet. Ihre Einheit wird durch die Eigenart der jüdischen Messiaserwartung und deren alttestamentliche Basis gesichert. Dafür reichen die von E. LOHSE angeführten, disparaten Stellen Psalm 27,12; Daniel 7,13; Psalm 110,1 und Jesaja 50,6 freilich nicht aus. Das Tempelwort und Messiasfrage einigende Band wird vielmehr durch die Weissagung des Propheten Nathan in 2. Samuel 7 gebildet, die in der neutestamentlichen Zeit eschatologisch gedeutet wurde; hinzu kommt das nicht minder geschätzte messianische Orakel Jesaja 11. Beide werden in Markus Kap. 14 nicht zitiert, aber vorausgesetzt. Die Weissagung 2. Samuel 7,12—15 hat als zentrale Stelle die anderen Schriftworte an sich gezogen und dem Ganzen angegliedert. Solch ein Kristallisationsprozeß läßt sich auch sonst in der jüdischen und christlichen Exegese dieser Zeit und gerade auch für die Formation von Einheiten des Markusevangeliums nachweisen[168], findet sich aber auch schon vor Markus, z. B. im Florilegium aus der Höhle 4 von Qumran, auf das wir gleich näher eingehen müssen.

Ich habe schon in früheren Veröffentlichungen auf die Bedeutung der Nathanweissagung für das Neue Testament hingewiesen[169] und dabei nicht nur die literarische Einheit, sondern auch die Historizität des nächtlichen Verhörs Jesu durch den Hohenpriester Kaiphas behauptet. In diesem Verhör ging es nicht um den Vorwurf einer abweichenden Gesetzesauslegung, die Jesus dem offiziellen Judentum verfeindet und schließlich seine Verurteilung herbeigeführt hätte[170]. Denn ein offizielles Judentum mit einer normativen Schriftauslegung gab es damals nicht, auch wird ja nichts dergleichen von dem Hohenpriester vorgebracht. Vielmehr war der Prozeß Jesu durchweg am Messiasanspruch Jesu orientiert und muß daher von der alttestamentlich-jüdischen Messiaserwartung her beleuchtet werden.

Das schon mehrfach erwähnte, 1958 veröffentlichte[171] Fragment 4 Q Florilegium bietet einen endzeitlich orientierten Kommentar zur Weissagung des Propheten Nathan in 2. Samuel 7. Darin wird dem König David verheißen, Gott werde Israel einen sicheren Ort verschaffen (V. 10); damit ist die Stadt Jerusalem gemeint. In Qumran hat man dieses Wort auf das Heiligtum bezogen,

---

[168] Vgl. dazu L. HARTMAN, Prophecy Interpreted (Coniectanea Biblica NTS 1), Uppsala 1966. Er hat dieses Verfahren für Markus 13 nachgewiesen.

[169] O. BETZ, Die Frage nach dem messianischen Bewußtsein Jesu, Novum Testamentum 6 (1963), S. 20—48; DERS., Was wissen wir von Jesus?, Stuttgart, 2. Aufl. 1967, S. 59—62, und schon früher angedeutet in DERS., Albert Schweitzers Jesusdeutung im Licht der Qumrantexte, in: H. W. BÄHR (ed.), Albert Schweitzer. Sein Denken und sein Weg, Tübingen 1962, S. 159—171.

[170] So neuerdings F. HAHN, Die Frage nach dem historischen Jesus, Trierer Theologische Zeitschrift 82 (1973), S. 193ff.; vgl. auch DERS., Methodische Überlegungen zur Rückfrage nach Jesus, in: Rückfrage nach Jesus, ed. K. KERTELGE, Freiburg 1974, S. 11—77, speziell S. 45ff.

[171] J. M. ALLEGRO, Fragments of a Qumran Scroll of Eschatological Midrashim, Journal of Biblical Literature 77 (1958), S. 350—354. Der Text ist jetzt aufgenommen unter dem Titel 'Florilegium' von E. LOHSE, Die Texte aus Qumran, Darmstadt 1964, S. 256—259.

das Gott selbst am Ende der Tage erbauen und durch seine ewig-währende Königsherrschaft sichern will (Zeile 1–6 a nach Exodus 15, 17f.). Daneben steht „ein Heiligtum von Menschen", in dem man Gott die Werke des Gesetzes als Rauchopfer darbringt (Zeile 6b–9); damit ist der lebendige Tempel der Qumransekte gemeint, die in Konkurrenz zum entweihten Tempel in Jerusalem trat und durch ihr heiliges Leben dem Land Israel Sühne schaffte. Schließlich wird die Verheißung, Gott werde David ein Haus bauen und „seinen Samen aufstellen", d.h. eine davididische Dynastie errichten (2. Samuel 7,11f.), von den Qumranexegeten auf den Messias bezogen: Am Ende der Tage wird der „Davidsproß" auf dem Zion aufstehen und die „gefallene Hütte Davids aufgerichtet" werden (nach Amos 9,11); er, der Messias, der zusammen mit dem Hohenpriester der Endzeit, dem „Erforscher des Gesetzes", auftreten soll, wird Israel retten (Zeile 10–13). Nicht kommentiert wird hier die Aussage, daß nach 2. Samuel 7,13 der verheißene Thronfolger dem Namen Gottes ein Haus bauen soll, was sich ursprünglich auf den Tempelbau Salomos bezogen hat. Denn der Salomonische Tempel war nach Ansicht der Qumrangemeinde nicht der eigentlich von Gott gewollte, wie die Tempelrolle zeigt. Er steht auch im Gegensatz zu dem ewig bleibenden Tempel Gottes und wurde wegen der Sünde Israels von Fremden zerstört (Zeile 5–6).

Aber gerade diese auf den Messias bezogene Verheißung des Tempelbaus (2. Samuel 7,13) hat im Prozeß Jesu eine wichtige Rolle gespielt; deshalb wird als einzige konkrete Zeugenaussage das Tempelwort erwähnt. Der Neubau des Tempels und das Regiment des Messias waren im Bewußtsein des jüdischen Volkes zu einer festen Einheit verbunden, die letztlich auf 2. Samuel 7,13 beruht. Im damaligen Hauptgebet der Achtzehn Bitten (Schemone Esre) wird in Bitte 14 das Erbarmen Gottes für Israel und Jerusalem, den Berg Zion und den Tempel erbeten und im gleichen Atemzug für das Königtum des Hauses David und den Messias der Gerechtigkeit[172]. Auch im Habinenu-Gebet, das eine Abkürzung der „Achtzehn-Bitten" darstellt, erscheinen die Wiederherstellung des Tempels und der Davidssproß nebeneinander[173]. Im Neuen Testament wird die Nathanweissagung zwar nur im Hebräerbrief ausdrücklich zitiert[174], bildet aber die Basis des alten, gemeinchristlichen Bekenntnisses, das Paulus am Anfang des Römerbriefs erwähnt[175]. Auch im Bericht vom Verhör Jesu Markus 14,55–64 ist sie das geistige Band, das alles im Innersten zusammenhält. Das Wort vom Tempel (V. 58) ist nicht etwa ein späterer Einschub gegenüber der

---

[172] 14. Bitte (palästinische Rezension): „Erbarme dich, Herr unser Gott (durch dein großes Erbarmen über Israel, dein Volk und) über Jerusalem, deine Stadt (und über Zion, die Wohnung deiner Herrlichkeit und über den Tempel und über deine Wohnung) und über das Königtum des Hauses David, des Messias (deiner Gerechtigkeit). Gepriesen seist du Herr, Gott Davids, der Jerusalem baut." (W. STAERK, Altjüdische Gebete [Kleine Texte 58], Berlin 1930, S. 13). Vgl. auch Babyl. Talmud Pesachim 5a, wo die Ausrottung Esaus (= Roms), der Bau des Heiligtums und der Messias nebeneinander stehen.
[173] STAERK, a.a.O. S. 20.
[174] 2. Samuel 7,14 in Hebräer 1,5.
[175] Römer 1,3f.; vgl. Lukas 1,31ff.; Apostelgeschichte 2,22–36; 13,32–36; Markus 12,35–37.

Frage nach Jesu Messiasanspruch (V. 61), sondern deren Voraussetzung. Denn nach 2. Samuel 7,13 soll ja der verheißene Davidssohn dem Namen Gottes ein Haus, d. h. einen Tempel, erbauen. Wird diese Weissagung auf die Endzeit bezogen, so ist der Tempelbau eine messianische Pflicht. In diesem Sinne wurde Jesu Wort vom Bau eines neuen Tempels von einigen Zeugen verstanden und beim Verhör vor dem Hohenpriester vorgebracht (V. 55−58). Es hatte für sie eine ähnliche Funktion wie das Zeichen, das die prophetischen Messiasprätendenten versprachen; es soll die Sendung von Gott her beglaubigen. Und weil das Verhör der Zeugen nicht weiterführte, an mangelnder Übereinstimmung scheiterte, und Jesus selbst dazu schwieg (V. 59f.), stellte der Hohepriester direkt die Frage nach Jesu Messiasanspruch (V. 61), der mit dem Tempelwort unausgesprochen im Raum stand. Weil der Messias sich nicht selber als solchen verkündigen kann, sondern von Gott eingesetzt und als sein Sohn proklamiert wird (Psalm 2,7), konnte Jesus sein Sendungsbewußtsein nur indirekt andeuten. Eben dies geschah durch das Wort zum Tempelbau, das durch den Rückbezug auf die Schrift ein messianisches Indiz sein kann. Auch sonst hat Jesus auf die Tatsache seiner messianischen Salbung und Gottessohnschaft, die er bei der Taufe empfing (Markus 1,11f.), nur auf indirekte Weise aufmerksam gemacht, so durch die Verkündigung des Evangeliums und durch seine Heilungswunder (Matthäus 11,2−5; 12,28; Lukas 4,18ff.), und zwar für diejenigen, welche die Zeichen der Zeit und das prophetische Wort deuten konnten. Seine Reise nach Jerusalem und zum Tempel, wo der Messias von Gott inthronisiert werden soll, hatte messianischen Sinn. Mit dem Einzug in Jerusalem und der Tempelreinigung (Markus 11,1−18) wurde die Stunde der Wahrheit eingeläutet; jetzt mußte die Entscheidung fallen. Die kritische Wende im Wirken Jesu wurde mit dem Messiasbekenntnis des Petrus erreicht, das Jesus provoziert und durch den Entschluß, nach Jerusalem zu ziehen, bestätigt hat (vgl. Markus 8,27−33).

Daß das Wort vom Tempelbau aufgrund der Nathanweissagung einen messianischen Sinn besaß, bestätigte der Hohepriester mit der direkten Frage nach Jesu Messiasanspruch. Denn auch er ging gleichsam auf 2. Samuel 7 ein, wenn er den Messias näherhin als „Sohn des Hochgelobten", d. h. als Gottes Sohn bezeichnete (V. 61). Er vollzog damit den Schritt vom Tempelwort, das auf 2. Samuel 7,13 gründet, zum messianischen Gottessohn in 2. Samuel 7,14, wo Gott dem künftigen Davididen verheißt: „Ich will für ihn Vater sein, und er wird für mich Sohn sein". Kaiphas deutete so warnend auf den vollen, von der Schrift verheißenen Umfang der Messiaswürde hin, die Jesus mit dem Wort vom Tempelbau für sich zu beanspruchen schien. Im Bericht von Jesu Verhör vor dem Hohenpriester spiegelt sich die Messiaserwartung der Juden, dazu auch die später in der Mischna kodifizierte Terminologie des jüdischen Strafrechts. Das soll nun im Einzelnen gezeigt werden.

b) Das Verhör der Zeugen: Markus 14,55−56

Die Verhandlung fand im Haus des Hohenpriesters statt (V. 54). Wo sich dieses Haus befand, läßt sich nicht mit letzter Sicherheit feststellen. Jedenfalls ist nicht das Rathaus (βουλή) an der Südwestecke des Tempels gemeint

(Josephus Bellum 5,144), auch nicht die „Quaderhalle" (לשכת הגוית, *liškāt hăggazît*), in welcher nach der Mischna (Middoth 5,4) das große Synhedrium tagte, und wohl auch nicht die „Halle des Hohenpriesters" (ibid). Denn die Tore des Tempelberges waren während der Nacht geschlossen, so daß dort keine nächtliche Sitzung eines Synhedrium möglich war[176]. Dagegen ist wichtig, daß Josephus ein „Haus des Hohenpriesters Ananias" erwähnt, das sich in der westlichen Oberstadt befunden haben muß (Bellum 2,426); in dieses Haus hat man wohl Jesus nach seiner Verhaftung gebracht. Dort hatte sich auch nur ein kleinerer Kreis von Ratsmitgliedern zum nächtlichen Verhör eingefunden, während die Vollversammlung am folgenden Morgen tagte, und zwar im offiziellen Verhandlungsraum auf dem Tempelberg; Markus 14,53—55 sind in diesem Sinne zu korrigieren. Das nächtliche Verhör sollte die Sitzung des Plenum vorbereiten, gewisse Tatsachen zum Fall Jesu ermitteln[177]; deshalb wurden wie bei einer offiziellen Gerichtsverhandlung Zeugen gehört. Nach Deuteronomium 17,6; 19,15 war das übereinstimmende Zeugnis von zwei oder drei Zeugen für ein Todesurteil erforderlich. In der Tempelrolle (11 Q Miqdasch 61,7; 64,10) wird ihre Zahl addiert: zwei und drei Zeugen vollstrecken das Urteil über den Hochverräter. In V. 54 erfolgt ein Hinweis auf Simon Petrus, der sich während des Verhörs draußen im Hof befand. Dieser Vers leitet den Bericht von der dreimaligen Verleugnung ein (Markus 14,66—72). Er bedeutet, daß die Verleugnung in eben der Zeit geschieht, in welcher der Meister das Bekenntnis zu seiner Messianität ablegt, welches das Todesurteil zur Folge hat.

Das Zeugenverhör (V. 55) weicht von der in der Mischna gegebenen Vorschrift ab, bei Kapitalprozessen mit dem Verhör von Entlastungszeugen zu beginnen[178]; Markus begründet dies mit der Auskunft, man habe ein das Todesurteil ermöglichendes Zeugnis gesucht. Seine Terminologie entspricht zwar der, die später in der Mischna erscheint[179]; jedoch geht man dort auf die Rettung des Angeklagten aus, weshalb das Verhör mit einer strengen Verwarnung der Zeugen beginnt (Sanhedrin 4,5). Nach V. 56 stimmten die Aussagen der Zeugen (μαρτυρίαι) nicht überein. Auch das entspricht der Diktion des Mischnatraktats Sanhedrin[180], die somit durch das Neue Testament schon für eine frühe Zeit

---

[176] Vgl. P. BILLERBECK, Kommentar zum Neuen Testament I, München 1926, S. 998—1001.
[177] Von einer nächtlichen Untersuchung, die im Fall eines Schuldspruchs erfolgen und diesen überprüfen soll, wird in Mischna Sanhedrin 5,5 berichtet. Ein Kapitalprozeß, der mit einem Schuldspruch endet, soll auf den nächsten Tag zur neuerlichen Aufnahme verschoben werden (ibid. 4,1.).
[178] In den דיני נפשות (*dînê nᵉpašôt*) soll man פותחין לזכות (*pôtᵉḥîn lizᵉkût*), Mischna Sanhedrin 4,1.
[179] εὑρίσκειν = מצא (*maṣa'*) vom Zeugenverhör in Mischna Sanhedrin 3,6: „Wenn ihre Aussagen als gleich erfunden werden". Für das „zu Tode bringen" vgl. Mischna Sanhedrin 4,5, wo vom „Verderben einer Seele" bei falscher Zeugenaussage die Rede ist; das Gegenteil wäre „das Aufstellen einer Seele", ihre Errettung vom Tod, vgl. Markus 3,4.
[180] Mischna Sanhedrin 3,6; 5,4: „Ihre Worte sind gleich (gerichtet)" דבריהם מכוונים (*dibrêhæm mᵉkûwwanîm*) = ἴσοι. Übrigens bestand hinsichtlich der Zeugen eine Kontroverse zwischen den Sadduzäern und Pharisäern (LE MOYNE, a.a.O. S. 227ff.). Die Sadduzäer wollten, vom *ius talionis* Deuteronomium 19,21 ausgehend („Leben um Leben"), einen falschen Zeugen erst dann hinrichten, wenn sein Opfer hingerichtet worden war. Die Pha-

bezeugt wird, trotz der inhaltlichen Differenz des sadduzäischen Rechts. Die Stimmung gegen Jesus wird durch die mehrfach wiederholte, feindselig klingende Präposition κατά (αὐτοῦ) zum Ausdruck gebracht (V. 55.56.57).

c) Das Wort Jesu vom Tempel: Markus 14,57—59

Das allgemeine Urteil über die falschen Zeugen (V. 56) wird in V. 57f. näherhin durch das Zeugnis vom Tempelwort illustriert, das von einigen vorgetragen, aber ebenfalls als falsch bezeichnet wird (V. 57)[180a]; d.h. die Aussage der Zeugen stimmte auch jetzt nicht überein (V. 59). Dennoch ist nicht daran zu zweifeln, daß Jesus eine dahingehende Äußerung tatsächlich gemacht hat. Ja, das Wort vom Tempelbau gehört zu den am besten bezeugten Jesuslogien im Neuen Testament, und die Tatsache, daß es dunkel erscheint und von den Evangelisten selbst nicht immer richtig verstanden wurde, spricht ebenfalls für die Authentizität[181]. Was bedeutet es, und warum wird es als falsches Zeugnis bezeichnet? Wichtig ist, daß in Markus 14,58 zwei Gotteshäuser (ναοί) einander gegenübergestellt sind: a) „Dieses mit Händen gemachte", d.h. das Jerusalemer Heiligtum, das dank der Initiative von Herodes dem Großen in lange dauernder und kostspieliger Arbeit weiter ausgebaut wurde[182], b) „ein anderes nicht mit Händen gemachtes", das Jesus innerhalb von drei Tagen errichten will. Man kann diesen Ausspruch für phantastisch halten[183], darf

---

risäer hingegen berieten sich auf Deuteronomium 19,19: „Ihr sollt ihm tun, wie er gedachte, seinem Bruder zu tun". D.h. schon die Intention soll bestraft werden, unabhängig von der Hinrichtung des Opfers. In diesem Punkte entschieden demnach die Pharisäer härter als die Sadduzäer.

[180a] Anders Matthäus, der diese beiden Zeugen von den anderen absetzt, offenbar in der Absicht, ihr Zeugnis als wahr hinzustellen (D. FLUSSER, a.a.O. S. 132).

[181] Vgl. Markus 14,58 par Matthäus 26,61 (der letztere hat das Wort Jesu mißverstanden, wenn er jedesmal den gleichen Tempel meint); Markus 15,29 par Matthäus 27,40, Johannes 2,19—21, wo der Tempel auf Jesu Leib bezogen wird. In Apostelgeschichte 6,13f. wird darauf verwiesen, Jesus wolle diesen (heiligen) Ort zerstören, vgl. Thomasevangelium Logion 71: „Jesus sprach: Ich werde dieses Haus zerstören und niemand wird es wieder aufbauen". Das ἀχειροποίητος-Motiv fehlt in Johannes 2,19 und Apostelgeschichte 6,14, erscheint aber in Apostelgeschichte 7,48; vgl. auch 17,24 und Hebräer 9,11.14, wo der nicht mit Händen gemachte Tempel eine wichtige Rolle spielt.

[182] Bau und Verwaltung des Tempels waren von altersher die Sache des Königs, wie das Beispiel Davids und Salomos deutlich zeigt. Auch Herodes der Große hatte bewußt an diese Tradition angeknüpft, wenn er den Ausbau des Tempels großzügig betrieb und darüberhinaus auch Hohepriester nach seiner Wahl einsetzte. Ja, er wollte damit auch den messianischen Hoffnungen wehren, indem er gleichsam selbst erfüllte, was die Juden von einem Messias nach 2. Samuel 7,12f. erwarteten. Vgl. dazu Antiquitates 20,15, wonach Herodes von Chalkis, der Bruder des Herodes Agrippa I., von Claudius das Recht erhielt, die Hohepriester zu nominieren, später dann auch Agrippa II. (Antiquitates 20,16.22. LE MOYNE, a.a.O. S. 392f.).

[183] E. LINNEMANN sieht darin die Darstellung eines bekannten Märchenmotivs: Ein Mensch wird von seinem Feinde eines Sich-Vermessens beschuldigt und daraufhin von seinem Herrn genötigt, das Unmögliche zu tun. Die Behauptung der Zeugen sei adhoc erfunden

jedoch nicht übersehen, daß Markus den Tempel, den Jesus — in der Zukunft! (οἰκοδομήσω) — erbauen will, durch die Kennzeichnung ἀχειροποίητος[184] deutlich von einem Bau wie dem Jerusalemer Tempel unterschieden hat. Eine ähnliche Gegenüberstellung ist in dem bereits erwähnten 4 Q Florilegium erfolgt, da dort der Tempel Israels, der von Fremden zerstört werden kann, ersetzt ist durch ein Haus, das am Ende der Tage erbaut, von keinem Heiden betreten werden und für immer bestehen soll (Zeile 2—5). Das letztere wird von Gottes „Händen" errichtet (Zeile 4); das erstere ist e contrario, obwohl das nicht ausdrücklich gesagt wird, ein Gebilde von Menschenhand. Unverletzlich ist auch das „Heiligtum von Menschen", in dem man die Werke des Gesetzes als Rauchopfer darbringt (Zeile 6—9). Mit ihm hat die Qumrangemeinde sich selbst bezeichnet: Sie verstand sich als geistliches Gegenstück zum Jerusalemer Tempel, als ein Bauwerk, das Gott aus den von ihm erwählten Menschen aufgeführt hat, als lebendiges Heiligtum, das selbst von den Höllentoren nicht überwältigt werden wird[185]. Meines Erachtens hat Jesus mit dem „anderen, nicht mit Händen gemachten Tempel" das neue Gottesvolk gemeint, das er als Messias zu einem lebendigen Heiligtum gestaltet; es ist die Kirche, die nach Matthäus 16,18 auf dem Fundament des Felsenmanns Petrus erbaut und von den aufspringenden Toren der Hölle nicht „überwältigt", verschlungen, werden soll[186]. Mit diesem Wort vom künftigen Bau der Kirche hatte Jesus das von Petrus gesprochene Messiasbekenntnis (Matthäus 16,16) bestätigt. In Markus 14,58—62 besteht bei umgekehrter Abfolge der gleiche Zusammenhang: Dem Zeugnis vom Aufbau des anderen Tempels (des Heilsvolks) V. 58 folgt das Messiasbekenntnis (V. 61f.). In beiden Fällen wird dieser Zusammenhang durch die Nathanweissagung hergestellt: Der Bau eines Gotteshauses ist nach 2. Samuel 7,13 die Sache des künftigen Davididen, dessen Thron ewig stehen wird, d. h. des Messias[187]. Das Datum der drei Tage, in denen Jesus diesen anderen Tempel errichten will, stammt meines Erachtens aus Hosea 6,2, einer Bußli-

---

und absurd (S. 132). Dabei ist sowohl die starke Bezeugung des Tempelwortes übersehen als auch die Tatsache, daß der neue Tempel nicht mit Händen erbaut ist.

[184] ἀχειροποίητος ist aramäisch די לא בידי בני אדם (dî la' bîdê bᵉnê 'adam); vgl. Josephus Bellum 5,387 und Daniel 2,45 vom Stein, der nicht mit Händen bewegt wird, dazu Bellum 5,387: Sanherib fiel nicht durch Menschenhände, eine Anspielung auf Jesaja 31,8 (בחרב לא אדם [bᵉḥæræb loʾ 'adam], zitiert in 1QM 11,11f.).

[185] S. o. S. 627. Vgl. Hodajot (1 QH) 6,26ff.; Gemeinderegel (1 QS) 8,5—9; dazu meinen Aufsatz: Felsenmann und Felsengemeinde, Zeitschrift für die Neutestamentliche Wissenschaft 48 (1957), S. 49—77.

[186] J. GNILKA (S. 19) meint, es müsse offen bleiben, worauf sich der Neubau ursprünglich bezogen habe: ob an einen neuen Tempel oder an das Reich Gottes (!) oder an ein neues Israel oder etwas anderes gedacht war, denn im markinischen Kontext gewinne das Wort ohnehin einen anderen Sinn. Das ist eine unberechtigte Kritik. Ebensowenig ist das Urteil von E. LINNEMANN am Platz, der Markustext dürfe nicht mit der Bautopik von der neutestamentlichen Gemeinde in Verbindung gebracht werden (S. 116—127). Genau das muß geschehen, denn in ihm ist diese Bautopik begründet.

[187] Vgl. dazu auch Targum Sacharja 6,12f., das auf den Messias bezogen ist: Er wird geoffenbart und mächtig werden und den Tempel Gottes bauen (ויבני ית היכלא דייי [wᵉjibnê jāt hêkᵉlaʾ dᵉjjj]).

turgie, in der das bußfertige Israel von Gott bekennt: „Nach zwei Tagen gibt er uns das Leben zurück, am dritten Tag richtet er uns wieder auf, sodaß wir leben vor seinem Angesicht"[188]. Das geistliche Heiligtum, das der Messias erbaut, besteht demnach aus den Büßern Israels; deshalb hat auch Jesus die Botschaft vom nahen Gottesreich mit dem Ruf zur Buße verknüpft (Markus 1, 14f.). Daß mit dem Tempelwort ein messianisches Zeichen verheißen wird, bringt Matthäus dadurch zum Ausdruck, daß er Jesus sagen läßt: „Ich vermag (δύναμαι) den Tempel Gottes . . . aufzubauen".

Der zweite, positive Teil dieses Wortes, der den Bau eines neuen, andersartigen Tempels verheißt, ist ohne Zweifel authentisch, von Jesus gesprochen als wichtiger, wenn auch indirekter, Hinweis auf sein messianisches Sendungsbewußtsein. Anders steht es meines Erachtens mit dem ersten Teil, nach dem Jesus „dieses mit Händen gemachte Heiligtum", d. h. den Jerusalemer Tempel, niederreißen will. Diese Aussage hat Markus gemeint, wenn er von einem falschen Zeugnis spricht (V. 57); die Zeugen haben Jesus offensichtlich mißverstanden. Denn die Rede vom Abbrechen des Jerusalemer Tempels wäre vermessen, blasphemisch und auch unsinnig gewesen. Jesus hatte ja erst kurz davor den Jerusalemer Tempel gereinigt und durch diese Zeichenhandlung auf dessen von Jesaja verkündigte Bestimmung als eines Bethauses für alle Völker verwiesen[189]; er dachte deshalb nicht entfernt daran, dieses Haus seines Vaters (Johannes 2, 16) zerstören zu wollen. Vielmehr hatte er in echt apokalyptischer Weise davor gewarnt, der Tempel könne in der Katastrophe der Endzeit untergehen, so daß kein Stein auf dem anderen bliebe (Markus 13, 2)[190]; dabei führte wohl auch er wie die Qumrangemeinde (4 Q Florilegium Zeile 6), das Unheil auf die Sünde Israels zurück (vgl. Markus 11, 12—14). Daß Jesus nicht das ursprüngliche Subjekt der Tempelzerstörung war, geht aus der johanneischen Version dieses Wortes hervor: „Brecht diesen Tempel ab, und ich werde ihn in drei Tagen wieder aufbauen" (2, 19). Als Parallele zu diesem Drohwort gegen den Tempel ist ein Ausspruch Jochanan ben Zakkais (um 70 n. Chr.) zu vergleichen: „Dieses Haus wird durch keinen (anderen) als durch (wörtlich: durch die Hände) eines Königs zerstört werden"[191].

---

[188] Das Hoseadatum des dritten Tages hat es ermöglicht, den neuen Tempel auf den Leib Jesu zu beziehen (Johannes 2,19—21).

[189] Auch die Tempelreinigung war eine messianische Zeichenhandlung. Sie löste daher die Frage nach Jesu Vollmacht aus (Markus 11,27—33), die mit dem Gleichnis von den Bösen Weingärtnern und der Sendung des Sohnes beantwortet wird (12,1 — 12).

[190] Die Echtheit dieses Drohwortes erweist sich u. a. darin, daß es sich so nicht erfüllt hat, da Titus absichtlich die westliche Mauer des Tempelplatzes zum Zeichen seines schwer erkämpften Sieges stehen ließ. Zur Reinigung des Tempels vgl. Bellum 4,323: Gott hatte Jerusalem wegen seiner Befleckung zum Untergang verurteilt und wollte den Tempel durch Feuer vollständig reinigen.

[191] Echa Rabbati, Abschnitt 1, Absatz 3, zitiert von A. SCHALIT, ANRW II,2, a. a. O. (ob. Anm. 144) S. 313 (דלית הדין ביתא חריב אלא על ידי מלך [dᵉlit hadên bêtaʾbᵃrib ʾaellaʾ ʿäl jᵉdê maelaek]), ähnlich Aboth des R. Nathan, Version B (ed. SCHECHTER S. 19), Version A. 4,22f.: „In die Hand eines Königs ausgeliefert" (נמסר . . . ביד מלך [nimsar . . . bᵉjäd maelaek]).

d) Das messianische Bekenntnis Jesu: Markus 14,60—62

Vom Hintergrund der messianisch gedeuteten Nathanweissagung her wird der Fortgang des Verhörs verständlich. Der Hohepriester handelte korrekt, wenn er angesichts der fehlenden Übereinstimmung das vorgebrachte Zeugnis als juristisch ungültig ansah und die Frage nach Schuld und Strafe Jesu noch nicht zu stellen wagte (V. 60). Dennoch fand er im Tempelwort eine schwere Anklage gegen Jesus (σοῦ καταμαρτυροῦσιν V. 60b) und forderte diesen auf, selbst dazu Stellung zu nehmen; worauf sich sein Verdacht richtete, wird in der folgenden Frage enthüllt (V. 61). Aber Jesus gab keine Antwort (V. 61a); wahrscheinlich war es wenig sinnvoll, die wahre Bedeutung des Tempelwortes zu erklären und das von den Zeugen aus Wahrheit und Irrtum gewobene Geflecht zu entwirren. Aber der Hohepriester wollte Klarheit haben und ging deshalb vom indirekten Messiaszeugnis des Tempelwortes zur direkten Frage nach dem Messiasanspruch über: „Bist du der Messias, der Sohn des Hochgelobten?" (V. 61b). Diese Frage ist keineswegs eine anachronistische Bildung der christlichen Gemeinde, wie vielfach behauptet wird. Jüdischer Sitte entspricht die Vermeidung des Gottesnamens, der ehrfürchtig durch die Bezeichnung „der Hochgelobte" umschrieben wird[192]. Und biblisch ist die Tatsache, daß mit dieser Frage gleichsam von 2. Samuel 7,13 zu 2. Samuel 7,12.14 weitergegangen wird[193]. Der Hohepriester will Jesus bedeuten: Wer von sich behauptet, für Gott ein Haus bauen zu wollen, der möchte wohl der Messias aus Davids Haus sein (2. Samuel 7,12f.). Aber dieser wird von Gott wie ein Sohn gehalten, die Zucht und die Liebe seines göttlichen Vaters erfahren, dessen Huld nie völlig von ihm weichen soll (2. Samuel 7,14f.). Will Jesus wirklich der Sohn Gottes sein? Schon die Tatsache seiner Verhaftung steht in krassem Widerspruch zu solchem Anspruch, an ihm habe sich diese Weissagung für das Haus Davids erfüllt. Gott hätte ja seinen messianischen Sohn nie den Menschen ausgeliefert! Denn schon vom Gerechten gilt: „Ist er wirklich Sohn Gottes, dann nimmt sich dieser seiner an und entreißt ihn der Hand seiner Gegner" (Sapientia Salomonis 2,18). Spätestens im Garten Gethsemane hätten Jesus die Augen aufgehen und seine Hoffnungen auf eine Inthronisation in Jerusalem begraben sein müssen. Diesen Schluß hatten die Jünger Jesu gezogen, wenn sie ihn nach der Verhaftung verließen und flohen; ihre messianischen Träume waren beendet. Schließlich ist auch der Titel „Gottessohn" in der Frage des Hohenpriesters nicht ungewöhnlich[194]. Seit neuestem läßt er sich auch für

---

[192] הברוך (hăbbarúk) oder המבורך (hămm‘bôrak), vgl. Mischna Berakot 7,3; viel gebräuchlicher ist die Wendung: „Der Heilige, gepriesen sei er . . ."

[193] Abwegig ist der Gedanke, der Hohepriester habe bei dieser Frage in erster Linie an einen priesterlichen Messias (aus dem Haus Aaron) gedacht, so P. BENOIT, a.a.O. S. 90, mit Hinweis auf G. FRIEDRICH, Beobachtungen zur messianischen Hohenpriestererwartung in den Synoptikern, Zeitschrift für Theologie und Kirche 53 (1956), S. 265—311, vor allem S. 291f., eine Vermutung, die sich auf das Tempelwort gründet.

[194] Gegen J. GNILKA, a.a.O. S. 15, der meint, eine jüdische, d. h. historische, Interpretation der Messiasfrage des Hohenpriesters verbiete sich, da der Titel „Gottessohn" eine spezifisch christliche Bildung sei, Jesus eindeutig „Ja" sage und Anfrage und Antwort im Stil einer

das Judentum der neutestamentlichen Zeit belegen, und zwar durch einen pseudodanielischen Text aus der Höhle 4 von Qumran. Dort heißt es von einer Gestalt, die man wegen des fragmentarischen Zustands des Textes leider nicht genau bestimmen kann, sie „werde Sohn Gottes geheißen werden und Sohn des Höchsten werde man sie nennen". Hier ist also „Sohn Gottes" ausdrücklich titular gebraucht und wie in Lukas 1,32.35 zur Wendung „Sohn des Höchsten" parallel gesetzt[195]. Überhaupt wurde die Bildung des neutestamentlichen Titels „Sohn Gottes" nicht, wie man bisher annahm, durch die hellenistische Welt suggeriert, sondern durch die alttestamentlich-jüdische Tradition, vor allem durch 2. Sam. 7, 14 und Psalm 2,7, inspiriert[196]. In der Frage des Hohenpriesters Markus 14,60 ist „Sohn des Hochgelobten" nichts anderes als titulare Ausprägung des in 2. Samuel 7, 14 ausgesprochenen Sachverhalts.

Man muß dem Ausschuß des Synhedriums eine korrekte Durchführung des Verhörs zugestehen. Mit seiner Frage scheint der Hohepriester Jesus geradezu beschwören zu wollen, seinen Irrtum einzusehen (vgl. Matthäus 26,63); man kann sich denken, daß dies die sofortige Freilassung bedeutet hätte. Aber Jesus antwortete statt dessen mit einem klaren „Ich bin es" = „Ja" (ἐγώ εἰμι, Markus 14,62). Die vielleicht ursprüngliche, von Matthäus erwähnte Wendung: „Du sagst es" bedeutet keine Einschränkung des „Ja", so als ob Jesus die eigene Meinung von der des Fragenden hätte unterscheiden und sie im Ungewissen halten wollen. Auch darf das ἐγώ εἰμι nicht vom Kontext isoliert und theologisch überbewertet werden. Es handelt sich nicht, wie E. STAUFFER meint[197], um eine Theophanieformel, mit der sich Jesus eine göttliche Würde zuschreibt, auch nicht um das ἐγώ εἰμι der Selbstoffenbarung, mit dem Jesus im Johannesevangelium seine Sendungsvollmacht und Einheit mit dem göttlichen Vater kundtut[198]. Vielmehr stellt es das „Ja" auf die Frage des Hohenpriesters dar und bedeutet: „Ich bin in der Tat der Messias und Gottessohn". Dieses „Ja" wird in dem folgenden Satz nicht etwa limitiert, sondern expliziert: „Ihr werdet

Prädikation (σύ – ἐγώ εἰμι) gehalten seien. Dies ist eine überscharfe, der jüdischen Messiaserwartung nicht gerecht werdende, Kritik.

[195] 4 QpᶜDan Aᵃ = 4 Q 243. Vgl. dazu A. FITZMYER, The Contribution of Qumran Aramaic to the Study of the New Testament, New Testament Studies 20 (1974) S. 382–407, besonders S. 391f. Nach J. T. MILIK gehört der Text in das letzte Drittel des 1. Jhdts. v. Chr. Zu den Wendungen: ברית די אל יתאמר ובר־עליון יקרונה (*b*ᵉ*rê dî 'el jit'amār ûbar 'aeljôn jeqarûnnē*); vgl. Lukas 1,32: υἱὸς ὑψίστου κληθήσεται; 1,35: κληθήσεται υἱὸς Θεοῦ.
[196] Vgl. dazu mein Buch: Was wissen wir von Jesus?, Stuttgart, 2. Aufl. 1967, S. 369–74 und M. HENGEL, Der Sohn Gottes, Tübingen 1975; dazu auch O. MICHEL–O. BETZ, Von Gott gezeugt, Festschrift für J. Jeremias, Göttingen 1958, S. 3–23.
[197] Jesus, Gestalt und Geschichte (Dalp–TB 332), Bern 1957, S. 130–137. STAUFFERS Beweisführung für die Bedeutung der „Theophanieformel" אני (ו)הוא (ᵃ*nî* (*w*ᵉ) *hû'*; Mischna Sukkah 4,5) im nachbiblischen Judentum ist exegetisch fragwürdig. Dazu G. McRAE, The Ego-Proclamation in Gnostic Sources, in: E. BAMMEL (ed.), The Trial of Jesus, a.a.O. S. 122 ff.: Der gnostische Demiurg behauptet, Gott zu sein. Vgl. auch Jerusal. Talmud Taanith 2,1: „Wenn ein Mensch sagt: Ich bin Gott, so ist er ein Lügner."
[198] Dabei knüpft er an Deuterojesaja an, vor allem 43,10. Vgl. dazu meinen Aufsatz Der Name als Offenbarung des Heils, Jahrbuch des Institutum Judaicum Tübingen (1971–72), S. 121–129.

den Menschensohn sitzen sehen zur Rechten der Kraft und kommen mit den Wolken des Himmels". Jesuanisch ist der erste Teil dieser Aussage, während im zweiten meines Erachtens die Erwartung der Christen zum Ausdruck kommt. Jesus umschreibt ebenfalls ehrfürchtig den Namen Gottes, und zwar mit der Wendung ἡ δύναμις = „die Kraft, Allmacht", die so auch bei den Rabbinen erscheint[199]. Auch das Wort „Menschensohn" ist in Jesu Mund eine Umschreibung, und zwar für sein messianisches Selbstbewußtsein. Dieser feierliche Ausdruck für „Mensch" kommt dem bedeutungsvollen εἶναί τινα der charismatischen Messiasprätendenten nahe: Jesus ist als Menschensohn der von Gott beauftragte, endzeitliche Mensch, der Bote und Bevollmächtigte, der an Gottes Stelle handelt und die befreiende Macht der Gottesherrschaft jetzt schon sichtbar werden läßt[200]. Andererseits verstand sich Jesus als verborgenen Messias, als mitmenschlichen, unbehausten (Lukas 9,58), verkannten Menschensohn, zum Leiden durch die Menschen und für die Menschen bestimmt (Markus 9,31; 10,45). Seine Festnahme und sein Verhör konnten ihn deshalb nicht irremachen. Jesus hoffte, Gott werde ihn „zu seiner Rechten" setzen (V. 62a), ihn inthronisieren und so eindeutig aller Welt offenbaren, daß auch die Ungläubigen ihn als ihren Herrn anerkennen müssen. Dann erst wird die Weissagung von der „Aufstellung" des endzeitlichen Davididen in 2. Samuel 7,12 erfüllt. Mit ihr war die Inthronisation gemeint, die David in Psalm 110,1 selbst als Prophet vorhergesehen und vorausverkündigt hat (vgl. Apostelgeschichte 2,30−36). Weil die ersten Christen nach der Erscheinung des Auferstandenen und dessen Erhöhung zur Rechten des himmlischen Vaters auch die Wiederkunft erwartet und mit der Menschensohnstelle Daniel 7,13 artikuliert haben, darum erscheint in Markus 14,62 der Zusatz von dem mit den Wolken des Himmels kommenden Menschensohn. Er führt den Aspekt des Endgerichts, der im ersten, authentischen, Teil der Aussage nur impliziert enthalten ist, offener und drohender vor Augen; denn der kommende Menschensohn wurde von der Gemeinde als Weltrichter erwartet (Lukas 12,8; Matthäus 25,31−46). Die Offenbarung von Gottes Gerechtigkeit, die Jesus vor allem als Evangelium von der Befreiung der Unterdrückten und Notleidenden verkündigt hat, wird in diesem Zusatz der Gemeinde zur ausgleichenden Gerechtigkeit, welche die Richter Jesu ihres Unrechts überführen und der Bestrafung zuführen wird. Aber dieser zukünftige Menschensohn und Weltrichter gehört nicht in die genuine Verkündigung Jesu: Er hat den Menschensohn von Daniel 7,13 kollektiv als das „Volk der Heiligen des Höchsten" gedeutet und in bewußtem Unterschied zu dieser Danieltradition von sich selbst als dem gegenwärtigen, bevollmächtigten und doch verkannten Menschensohn gesprochen. Damit meint er eben den Messias vor seiner Inthronisation, den Sohn, den der Vater als letzten Boten und als Erben zu seinem Volk gesandt hat[201].

---

[199] P. BILLERBECK, Kommentar zum Neuen Testament I, München 1926, S. 1006f.
[200] Vgl. etwa Markus 2,10f. mit Psalm 103,3 und Markus 10,45f. mit Jesaja 43,3f.
[201] Das Gleichnis von den bösen Weingärtnern (Markus 12,1−12) beweist wie die Anrede Gottes durch „Abba!", daß Jesus sich im Sinne von 2. Samuel 7,14 als Sohn Gottes verstanden hat.

e) Die Verurteilung des Messiasanspruchs: Markus 14,63—64

Der Hohepriester reagierte auf zweifache Weise: Einmal mit der symbolischen Handlung des Zerreißens seiner Kleider (V. 63) und dann mit dem diese Handlung begründenden Urteil, Jesus habe Gott gelästert, sein Messiasbekenntnis sei Blasphemie (V. 64)[202]. Das Zerreißen der Kleider bekundet bestürzende Trauer, etwa über den Tod eines Menschen (Genesis 37,34) oder über eine Gotteslästerung[203]. Wichtig ist die Weisung der Mischna, nach der die Richter bei einer unverhüllt ausgesprochenen Gotteslästerung aufstehen, ihre Kleider zerreißen und sie nicht wieder zusammennähen sollen[204]. Der Frevel der Blasphemie ist dort als Verwünschung Gottes definiert, bei welcher der Name Gottes offen ausgesprochen wird (פרש השם, *pereš hăššem*, Sanhedrin 7,5). Man hat deshalb oft behauptet, Jesus könne nicht wegen Blasphemie verurteilt worden sein. Aber hier ist Blasphemie in einem weiteren Sinne zu verstehen[205]. Sie bezieht sich nicht etwa auf das Tempelwort[206], sondern auf den Messiasanspruch: Jesus lästerte Gott, weil er sich trotz seiner Ohnmacht ihm gleichstellen wollte[207]. Solch ein falscher Messiasanspruch gefährdet freilich auch den Tempel und die heilige Stadt, liefert das Volk Gottes einer heidnischen Macht aus und ist aus diesem Grunde gotteslästerlich (Johannes 11,49f.; 11 Q Miqdasch 64,9f.). Im Talmud wird das Sitzen des Messias zur Rechten Gottes als Profanierung der Schechina und damit als blasphemisch angesehen[208]. So wurde auch die tumultuarische Steinigung des Stephanus durch dessen Bekenntnis ausgelöst, er sehe den Menschensohn zur Rechten Gottes stehen (Apostelgeschichte 7,56—58). Schließlich hatte die Verfolgung der Judenchristen durch Paulus primär darin ihren Grund, daß dieser den Glauben an einen gekreuzigten und darum von Gott verfluchten Menschen für blasphemisch hielt (vgl. Galater 3,13).

---

[202] Diese Anklage der Blasphemie fehlt in Lukas 22,71, aber sie wird V. 70 vorausgesetzt.
[203] 2. Könige 18,37; 19,1; Babyl. Talmud Moed Qatan 25 b (Baraitha) Sanhedrin 60 a. Vgl. P. BILLERBECK, a. a. O. I, S. 1007f.
[204] Mischna Sanhedrin 7,5: והדינים עומדים על רגליהן וקורעין ולא מאחין (*w‹hăddăjjanim 'ôm‹dim ‹al răglêhæn w‹qôr‹in w‹la› m‹aḥin*).
[205] Die Einengung der Gotteslästerung auf die Verwünschung des ausdrücklich genannten Gottesnamens ist vor allem seit Aqiba (gestorben 135 n. Chr.) erfolgt (P. BILLERBECK, a. a. O. S. 1010f.).
[206] Gegen P. BENOIT, a. a. O. S. 103f., der meint, Jesus wurde wie Jeremia oder auch Uria wegen der Androhung der Tempelzerstörung eines schweren Vergehens angeschuldigt. Vgl. dagegen die oben besprochene Freilassung des Propheten Jesus, Sohn des Ananias, nach dessen Weherufen gegen den Tempel.
[207] Vgl. Johannes 5,17f.; 10,33: . . . λιθάζομέν σε . . . περὶ βλασφημίας, καὶ ὅτι σὺ ἄνθρωπος ὢν ποιεῖς σεαυτὸν θεόν; 19,7: ἡμεῖς νόμον ἔχομεν, καὶ κατὰ τὸν νόμον ὀφείλει ἀποθανεῖν, ὅτι υἱὸν θεοῦ ἑαυτὸν ἐποίησεν. Nach der Mischna (Sanhedrin 11,5) soll ein falscher Prophet den „Tod durch die Hand von Menschen" erleiden; vgl. dazu das Jesuswort Markus 9,31, wonach der Menschensohn den Menschen übergeben und von diesen getötet werden wird.
[208] Vgl. D. R. CATCHPOLE, a. a. O. S. 146.

Das Hören der Blasphemie (V. 64a) ist wichtig für deren Verurteilung; denn es macht die Richter zu Zeugen des Vergehens[209], versetzt sie in die Lage, ein kompetentes Urteil abzugeben. Freilich erfolgte zunächst noch nicht der eigentliche Akt der Verurteilung, vielmehr wurden die Mitglieder des Gerichts um ihre Meinung gefragt: „Was dünkt euch?" (V. 64)[210]. Aber die Meinungsäußerung wird juristisch wie ein Urteil formuliert: „Er ist des Todes schuldig"[211]. Wir haben bereits oben gesehen, welche Folgen solch ein Urteil im Kontext der sadduzäischen Politik, der Sorge um Tempel und Stadt haben mußte, vor allem dann, wenn die Gefährdung des Gottesvolkes – wie in der Tempelrolle – als Vergehen der Blasphemie beurteilt wurde: Mit der Auslieferung an das Gericht des römischen Präfekten wurde der Gotteslästerer Jesus praktisch zum Tod durch Hängen (Deuteronomium 21,22f.), d. h. zur Kreuzigung, verurteilt (vgl. die Tempelrolle). Auch nach der in der Mischna (Sanhedrin 6,4) festgehaltenen Auffassung der (pharisäischen) Weisen soll der Gotteslästerer wie der den Götzendienst Praktizierende aufgehängt werden, d. h. die aus Deuteronomium 21,22f. herausgelesene Zusatzstrafe zur Steinigung erleiden. Das im Talmud hervortretende Urteil über Jesus den Verführer und falschen Propheten trifft sich demnach insofern mit der vom sadduzäischen Gericht erhobenen Anklage der Blasphemie, als bei beiden Vergehen die in Deuteronomium 21,22f. befohlene Strafe des „Aufhängens am Holz" als notwendig erscheint.

f) Die Verspottung des Messias: Markus 14,65

Der durchgängig messianische Charakter des Verhörs ergibt sich auch aus dem abschließenden V. 65: „Einige begannen, ihn anzuspeien, sein Gesicht zu verhüllen, ihn auf den Kopf zu schlagen und zu ihm zu sagen: 'Weissage!' Und die Diener versetzten ihm Schläge ins Gesicht". H. LIETZMANN hatte geurteilt, diese Mißhandlung, ein roher Spaß der Ratsherren, sei unmotiviert und unverständlich (S. 258). E. HIRSCH sah in ihm einen Wutausbruch der Mitglieder des Synhedriums und begründete ihn damit, daß das Ziel der Verhandlung, Jesus zu überführen und nach klaren Gesetzesgründen zu verurteilen, mißlungen sei (S. 129). P. WINTER hingegen meinte, nur nach der Urteilsverkündigung durch den römischen Präfekten und nur von römischen Soldaten sei ein solcher Akt denkbar; die christliche Überlieferung habe ihn verdoppelt und für Markus 14,65 die Stelle vom geschlagenen Gottesknecht Jesaja 50,6 benützt (S. 104). Auch J. GNILKA hält diese Szene für eine Dublette zu der in Markus 15,16 erzählten Mißhandlung Jesu durch die römischen Soldaten (S. 13) und F. HAHN für ein Seitenstück zu dem in Johannes 18,23 erwähnten Backenstreich (S. 55).

---

[209] Vgl. Mischna Sanhedrin 7,6: im Fall der Blasphemie wird zum Zeugen gesagt: „Sag offen, was du gehört hast!" (מה־שמעתה [mā-šamāʿtā]).

[210] Mischna Sanhedrin 4,5 אמר (ʾamār) „bemessen, abschätzen", gegenüber dem Richten לדון דינים (ladôn dînîm) Sanhedrin 4,2.

[211] חיב מיתה (ḥājjāb mîtā) oder מתחיב בנפשו (miṯḥajjāb bᵉnapšô), vgl. auch Deuteronomium 21,22: חטא משפט מות (ḥeṭʾ mišpāṭ māwæt).

Aber nicht das Schlagen, sondern das von Jesus verlangte Weissagen bildet den eigentlichen Skopus der kurzen Schilderung[212]. Nur knüpft der Imperativ προφήτευσον nicht etwa an V. 58 an, als wollten die Schlagenden sagen: „Weissage noch mehr über den Tempel!" oder auch Jesus das Prophetenspielen austreiben[213]; schließlich ist die ganze Szene nicht einfach aus Jesaja 50,6 herausgesponnen. Vielmehr handelt es sich gewissermaßen um eine Fortsetzung des Verhörs mit andern Mitteln[214]: Man wollte Jesus mit Spott und Brachialgewalt von der Vermessenheit seines Anspruchs überzeugen. J. Jeremias hat richtig gesehen, daß die Verspottung Jesu jeweils die Anklage travestiert, und zwar in allen drei Fällen Markus 14,65; 15,16−20 und Lukas 23,11. Dieses rohe Spiel sei deshalb glaubwürdig überliefert, weil es Markus und Lukas voneinander unabhängig und frei von jeder christologischen Übermalung berichten[215]. Aber nicht zutreffend ist seine Ansicht, in Markus 14,65 werde eine Art von Blinde-Kuh-Spiel aufgeführt, bei dem die Ohrfeigen und der Ruf „Weissage!" dem falschen Propheten gelten. Denn es wird nicht ein falscher Prophet, sondern ein falscher Messias verhöhnt. Diese Verhöhnung setzt jüdische Traditionen voraus und kann deshalb nicht einfach eine Verdoppelung der Mißhandlung durch die römische Soldateska sein. Die Verhüllung des Gesichts[216] und die Aufforderung zu weissagen werden von Matthäus sachgemäß verdeutlicht: Der Messias soll intuitiv, prophetisch denjenigen bezeichnen, der ihn schlug (26,68). Zwar hat die christliche Gemeinde bei dieser Szene sicherlich auch an das Schriftwort Jesaja 50,6 vom mißhandelten Gottesknecht gedacht. Aber die schlagenden Diener des Synhedriums wurden durch ein anderes Jesajawort motiviert, nämlich Jesaja 11,3−4. Dort heißt es vom idealen König aus Davids Haus, er werde „nicht richten nach dem, was seine Augen sehen, noch Urteil sprechen nach dem, was seine Ohren hören, sondern mit Gerechtigkeit die Armen richten". Bei seinem richterlichen Urteil wird der messianische König von eigener Wahrnehmung und von Aussagen menschlicher Zeugen unabhängig sein, weil er in der Kraft des Geistes und der Gottesfurcht den Menschen ins Herz sieht und die Wahrheit intuitiv erkennt. Nach dem Talmud hatte man solche Urteilsfähigkeit hundert Jahre später auch bei Bar Kochba zum Prüfstein für seinen messianischen

---

[212] Das hat P. Benoit, a.a.O. S. 87 richtig gesehen, aber falsch gedeutet, wenn er meint, es handele sich um ein Ratespiel der Wachen, das auch in alten griechischen Texten bezeugt sei, nämlich Myinda: Man verdeckt die Augen und läßt raten.

[213] Gegen W. Schenk, a.a.O. S. 240.

[214] Deshalb darf dieser Akt auch nicht von Markus 14,55−64 getrennt werden (gegen E. Linnemann, a.a.O. S. 128−130).

[215] Theologie des Neuen Testaments, a.a.O. S. 82f. Nach Lukas 23,11 hängte die Leibwache des Herodes Antipas Jesus einen weißen Mantel um und verhöhnte mit diesem Hinweis auf den jüdisch-nationalen Königsmantel den falschen Messias, so wie die römische Soldateska mit dem roten Soldatenmantel und dem Dornenkranz die purpurne Chlamys und den Kranz der hellenistischen Fürsten nachahmte (Markus 15,16−20).

[216] O. Böcher meint, bei der Verhüllung des Gesichts werde das alttestamentliche Vorbild Jesaja 50,6 mit der gemein antiken apotropäischen Sitte verbunden, einem Delinquenten vor der Hinrichtung die Augen zu bedecken (Christus Exorcista [Beiträge zur Wissenschaft vom Alten und Neuen Testament, 5. Folge, H. 16], Stuttgart 1972, S. 129).

Anspruch gemacht: Man wollte wissen, ob er „riechen und richten", d. h. aus der Kraft des Gottesgeistes Wahrheit und Gerechtigkeit ermitteln könne, wie das Jesaja 11,3 vom messianischen König verheißen wird; Bar Kochba habe diesen Test nicht bestanden, weshalb man ihn auch getötet habe (Babyl. Talmud, Sanhedrin 93 b). Eben solch ein Test wurde nach Markus 14,65 bei Jesus angewendet: Man verhüllte sein Gesicht, damit er „nicht richte nach dem, was seine Augen sehen" (Jesaja 11,3), sondern kraft des Geistes den bezeichne, der ihn schlug. Aber Jesus hat auf diese brutale Forderung nach einem „Zeichen" ebensowenig reagiert wie auf das falsch berichtete Tempelwort; stets wies er eine vom Unglauben verlangte objektive Demonstration seiner Sendung ab.

Das nächtliche Verhör ergab, daß Jesus sich tatsächlich für den Messias hielt und von dieser als gefährlich beurteilten Vorstellung selbst dann nicht abließ, als alles gegen sie sprach. Nach Ansicht der Richter bezog er die Weissagung 2. Samuel 7 zu Unrecht auf sich, weil in ihr vom davidischen Gottessohn verheißen wird, Gottes Gnade solle nicht von ihm weichen (2. Samuel 7,15). Deshalb mußte der verhaftete Jesus als ein falscher Prophet und Verführer gelten, der nach der Tora keine Schonung verdient (Deuteronomium 13,9). Von diesem Urteil der sadduzäischen Justiz wurde er vor allem deshalb betroffen, weil sein Anspruch den Tempel und das jüdische Volk in ihrer Existenz bedrohten.

g) Die Übergabe an Pilatus: Markus 15,1

Dem nächtlichen Verhör folgte in der Frühe die offizielle Sitzung des Synhedriums (Markus 15,1). Lukas erzählt nur von dieser am Tage einberufenen Versammlung, in die er auch das Verhör verlegt (22,66—71; 23,1). Gewöhnlich findet man bei ihm die historisch richtigere Ereignisabfolge, die der dritte Evangelist einer Sonderquelle verdanke[217]. Aber das trifft m. E. nicht zu. Lukas setzt vielmehr auch an diesem Punkte die markinische Darstellung voraus; er hat die konkreten Angaben zum Verhör Jesu der Perikope Markus 14,55—65 entnommen. So geht z. B. die Verspottung Jesu bei ihm dem Verhör vorauf (22,63—65)[218]; sinnvoll ist sie aber erst nach dem beim Verhör abgelegten Messiasbekenntnis, das in ihr auf die Probe gestellt wird. Lukas hat diese Tatsache bei der von ihm vorgenommenen Entflechtung von Verhör und Verleugnung des Petrus nicht bedacht und aus dem messianischen Test ein die Nacht hindurch währendes, unmotiviertes Spiel der wartenden Soldaten gemacht. Sie lästern Jesus (V. 65); die Lästerung ist aus dem Verhör Markus 14,64 in die Verspottung übernommen, während sie an der richtigen Stelle (Lukas 22,67—71) fehlt. Lukas verrät das Bestreben, alles Gewicht auf die Verhandlung vor dem römischen Gericht zu legen, bei dem die politische Bedeutung des Messiasanspruchs geklärt, d. h. als Verleumdung der jüdischen Ankläger dargestellt wird (23,1—6).

---

[217] Vgl. J. ERNST, Das Evangelium nach Lukas, Regensburg 1977, S. 617.
[218] R. BULTMANN, Synoptische Tradition a. a. O. S. 293, rechnet Lukas 22,63 zu einer Nebenquelle, V. 64 stamme von Markus, V. 65 sei Sondergut. Aber V. 65 ist vage Verallgemeinerung.

Für die Frage nach dem Zusammenwirken von jüdischem und römischem Gericht ist die Darstellung wichtig, die neuerdings CHAIM H. COHN, der dem Supreme Court of Israel als Richter angehört, für den Prozeß Jesu gegeben hat[219]. Für die Kreuzigung Jesu muß die römische Justiz allein verantwortlich gewesen sein. Jesus war für COHN ein Jude, der in seinem Volke lehrte, kämpfte und starb, aber nicht etwa durch dessen Mitwirkung am Kreuz endete. Es sei ganz undenkbar, daß damals eine jüdische Menge seine Kreuzigung gefordert habe, zumal solch eine Haltung nicht zum Jubel des Volkes passe, der Jesus beim Einzug in Jerusalem umgab (S. 12f.). Unhistorisch sei die Verhandlung vor dem Sanhedrin, zumal sie gegen viele gesetzliche Bestimmungen verstößt (S. 17). Wenn man für sie ein von der Mischna abweichendes, sadduzäisches, Recht behauptet, so hätte auch dieses biblisch begründet sein müssen und deshalb keine Verurteilung Jesu aufgrund eines eigenen Geständnisses gestattet (S. 19).

Aber es gab auch nach COHN ein gewisses Zusammenwirken von jüdischer und römischer Obrigkeit. An Jesu Verhaftung waren jüdische und römische Kräfte beteiligt (S. 15), ferner war die jüdische Polizei ermächtigt worden, Jesus bis zum Beginn des Prozesses in Gewahrsam zu halten, und zwar während der Passahnacht. In dieser Zeit konnten die jüdischen Behörden nur das eine Ziel verfolgt haben, nämlich die drohende Hinrichtung eines Juden und beim Volk beliebten Pharisäers durch die Römer mit allen Mitteln zu verhindern. Nicht nur die Pharisäer, sondern auch die Sadduzäer und führenden Kräfte im Sanhedrin mußten dies versucht haben, zumal ihr Prestige schon im Sinken war; das Volk hätte das Mißlingen einer Intervention nicht verstanden. Jesus mußte dazu bewogen werden, sich nicht als schuldig zu bekennen; Zeugen für seine Unschuld mußten gefunden und belastende Aussagen als falsch beurteilt werden (S. 24). Aber dieses wohlgemeinte Vorhaben scheiterte, und zwar an Jesus selbst, der bei seiner Aussage blieb, der Sohn Gottes, d.h. der Erwählte, von Gott inspirierte und wie ein Sohn geliebte Mensch zu sein (S. 27f.). An diesem Punkt gaben der Hohepriester und das Synhedrium verzweifelt auf; das beweist der dramatische Akt des Zerreißens der Kleider, welcher die Trauer bekunden sollte und nicht etwa das Anhören einer Blasphemie.

Diese schöne Deutung stellt richtig das Bekenntnis Jesu als entscheidenden Faktor heraus, dazu auch das Bemühen des Hohenpriesters, Jesus von diesen Bekenntnis abzubringen. Aber COHN unterschätzt die Gefahr, die von den charismatischen Messiasprätendenten der Ordnung drohte, und die Energie, mit der ihr die sadduzäische Führungsspitze entgegentrat.

4. Das Gericht des Pilatus und die jüdische Justiz

Die richterlichen Befugnisse, welche die römische Verwaltung in Judäa zur Zeit Jesu besaß, lassen sich nicht ganz genau bestimmen. Immerhin hat Jo-

---

[219] Reflections on the Trial and Death of Jesus, The Israel Law Review Association 180/68, Jerusalem 1967 (vgl. Anm. 6).

sephus anläßlich der Absetzung des Herodessohns Archelaos und der Einsetzung eines römischen Präfekten (6 n. Chr.) einige wichtige Angaben gemacht (Bellum 2,117ff.; Antiquitates 18,1ff.). Judäa wurde eine römische Provinz (ἐπαρχία Bell. 2, 117.167)[220], gehörte aber als solche zu Syrien (προσθήκη τῆς Συρίας Antiquitates 18,2) und war dessen Statthalter untergeben, der den Rang eines Senators besaß[221]. Der Verwalter Judäas wurde bis 44 n. Chr.[221a] „Präfekt" genannt (Bellum 2,117, hier allerdings ἐπίτροπος, t.t. für „Prokurator"). Dieser Titel wird für Pilatus durch eine Inschrift am römischen Theater in Cäsarea bestätigt: *(Pon)tius Pilatus (prae)fectus Iudae(ae)*[222]. Nach Bellum, 2,117; Antiquitates 18,2 gehörte der erste Präfekt, Coponius, dem Ritterstand an (ἱππικὴ τάξις). Er hatte vom Kaiser eine Vollmacht (ἐξουσία) erhalten, die bis zur Verhängung der Todesstrafe reichte[223]; Josephus versteht dabei den Begriff „Vollmacht" analog zum jüdischen Botenrecht, nach welchem der Bote den Sendenden voll vertritt[224]. In der Tat waren die Prokuratoren und Präfekten die Amtsträger des Kaisers und übten in den Provinzen eine Gerichtsbarkeit aus, wie sie in Rom dem kaiserlichen Gericht zustand; sie schloß auch das *ius gladii* ein[225]. Und wenn Josephus dem Coponius eine unbegrenzte Vollmacht über die Juden zuschreibt (Antiquitates 18,2), so meint er, daß er diesen gegenüber ein Äquivalent des *imperium* der senatorischen Statthalter (Prokonsuln und *legati Augusti pro praetore*) hatte, was die Strafgerichtsbarkeit und die politische Jurisdiktion anlangt[226].

---

[220] Wie die Cyrenaika, vgl. Ed. ad Cyr. IV, 63–68 . . . κατὰ τὴν κυρηναικὴν ἐπαρχίαν.
[221] Vgl. Lukas 2,2: ἡγεμονεύοντος τῆς Συρίας Κυρηνίου. Quirinius war im Jahr 12 v. Chr. *cos. ord.* und hatte natürlich den Rang eines Senators, vgl. Antiquitates 18,1: . . . τῶν εἰς τὴν βουλὴν συναγομένων ἀνήρ. Zur Abhängigkeit des Präfekten Judäas vom syrischen Statthalter vgl. etwa Bellum 2,333–341; Antiquitates 18,3.88ff.
[221a] Vgl. H. VOLKMANN, Die Pilatusinschrift von Caesarea Maritima, Gymnasium 75 (1968) S. 132.
[222] Pilatus hatte zu Ehren des Tiberius in Cäsarea ein Tibericum errichtet. Zur Inschrift vgl. כתובות מספרות (*k^etûbôt m^esäpp^erôt*), Jerusalem, 2. Aufl. 1973, S. 222f.
[223] Bellum 2,117: μέχρι τοῦ κτείνειν λαβὼν παρὰ Καίσαρος ἐξουσίαν. Antiquitates 18,2: ἡγησόμενος Ἰουδαίων τῇ ἐπὶ πᾶσιν ἐξουσίᾳ, vgl. Joh 19, 10: οὐκ οἶδας ὅτι ἐξουσίαν ἔχω ἀπολῦσαί σε καὶ ἐξουσίαν ἔχω σταυρῶσαί σέ; Daß Josephus damit recht hat, die Blutgerichtsbarkeit nicht auf das Heer zu beschränken, zeigt der Aufstand des Webers Jonathan, bei dem der Präfekt viele Juden umbringen und ihr Vermögen beschlagnahmen ließ (Bellum 7,439–446). Vgl. R. TAUBENSCHLAG, The Law of Graeco-Roman Egypt in the Light of the Papyri, 2. Aufl. Warschau 1955, S. 488: „*In the Roman period the highest jurisdiction in all the land, civil and criminal* (iurisdictio et imperium mixtum) *belonged to the prefect. He was also invested with the ius gladii*". Das ptolemäische Gericht existierte aber in Ägypten weiter und wurde vom Präfekten als eine beauftragte Größe behandelt.
[224] Vgl. Mischna Berakot 5,5 und die Sendungsterminologie Bellum 2,117: Κωπώνιος πέμπεται; Antiquitates 18,1f.: Κυρίνιος . . . ἀπεσταλμένος . . . Κωπώνιός τε αὐτῷ συγκαταπέμπεται.
[225] *Qui provincias regunt, ius gladii habent* (Ulpian 1,18,6,8); vgl. TH. MOMMSEN, Römisches Strafrecht, Leipzig 1889.
[226] A. N. SHERWIN-WHITE, Roman Society and Roman Law in the New Testament, Oxford 1963, S. 8. Allerdings bezog sich das *ius gladii* auf die militärische Disziplin. Aber Josephus denkt auch an die Provinzialen, die Juden.

Hinsichtlich der Kompetenz, welche die Juden unter der römischen Verwaltung besaßen, ist anzunehmen, daß wie in der Cyrenaika[227] oder auch in Kleinasien[228] die örtlichen Gerichte weiterhin erhalten blieben und mit dem römischen Präfekten zusammenarbeiteten, so auch das Große Synhedrium in Jerusalem eine gewisse Eigenständigkeit behielt. S. A. Fusco meint, es habe mit seinen Priestern, Ältesten und Schriftgelehrten eine Art von *consilium iudicum* gebildet, welches beim Kapitalvergehen eines Juden die *cognitio* und die Erhebung der Anklage mit übernahm und den römischen Richter bei der Durchführung des Prozesses unterstützte; der Statthalter in der Provinz pflegte ja stets von einem *consilium* aus Freunden und Beamten unterstützt zu werden[229]. Gerade der Prozeß Jesu mit seiner für Pilatus schwer verständlichen religiösen Problematik machte es erforderlich, auch jüdische Rechtsexperten zuzuziehen; Fusco weist in diesem Zusammenhang mit Recht auf die Intervention der Juden wegen des *titulus*, der Kreuzesinschrift, hin (Johannes 19,21)[230]. Bei einigen der von Josephus berichteten Fälle vom Auftreten und Ende jüdischer Propheten wird besonders deutlich, wie jüdische Obrigkeit und römischer Präfekt zusammenwirkten, so etwa bei Jesus, dem Sohn des Ananias, oder auch bei der Abwehr des ägyptischen Juden. Dabei handelte es sich um Vergehen, bei denen ein starkes religiöses Sendungsbewußtsein für die Ordnung im Lande bedrohlich wurde, wie im Prozeß Jesu, wo religiöse Beweggründe mit politischen Interessen zusammenstießen.

Andererseits geht die Einschränkung der Befugnisse, insbesondere des *ius gladii*, aus der von Josephus erwähnten Vollmacht des Präfekten deutlich hervor. Sie erhellt ferner aus der Tatsache, daß der Präfekt den Ornat des Hohenpriesters in Gewahrsam hielt und ihn nur für die hohen Feiertage herausgab[231]; die Abhängigkeit des letzteren kam dadurch recht deutlich, geradezu demütigend, zum Ausdruck. Ähnlich geschah dies durch die Art, wie die Hinrichtung des Jakobus als Kompetenzüberschreitung des Hohenpriesters bewertet wurde. Der Messiasanspruch Jesu war zudem ein Vergehen, das die Herrschaft Roms unmittelbar berührte: Er bedeutete *seditio*, στάσις, die vom römischen Gericht verurteilt werden mußte. Maßgeblich war die *lex Iulia de maiestate*

---

[227] Vgl. dazu S. A. Fusco, Il dramma del Golgota nei suoi aspetti processuali, Bari 1972, S. 9.20, Anm. 39 zu den Edikten für die Cyrenaika 7/6 v. Chr.

[228] Vgl. Plinius Ep. X 96. Auch die Juden hatten ihre eigene Gerichtsbarkeit in Kleinasien, vgl. L. Vischer, Die Auslegungsgeschichte von 1. Korinther 6,1ff. (Beiträge zur Geschichte der neutestamentlichen Exegese 1), Tübingen 1955, S. 6 (Schreiben des Präses der Asia an die Behörden von Sardes). Siehe auch P. Billerbeck, a. a. O. zu 1. Korinther 6,2.

[229] Plinius ep. IV,22,3; VI,22.5,31.32. A. N. Sherwin-White, a. a. O. S. 17–20; S. A. Fusco, a. a. O. S. 9f.: Das *consilium* war in der Cyrenaika paritätisch aus Griechen und Römern zusammengesetzt.

[230] A. a. O. S. 10. Schon 1916 hatte R. W. Husband (The Prosecution of Jesus, Princeton 1916) mit Hilfe von ägyptischen Papyrusfragmenten das Zusammenwirken von lokaler Justiz und römischen Behörden erwiesen, wobei die erstere mit der Verhaftung und Untersuchung des Falles betraut war.

[231] Antiquitates 18,90–95. Herodes der Große hatte sich bereits zu dieser Maßnahme entschlossen, um eventuellen Umsturzversuchen der Juden vorzubeugen.

(Digesta 48, 4, 1; 48, 4, 11): Nach ihr wurde der Anspruch, König zu sein, als ein todeswürdiges Verbrechen verurteilt, sofern er einen bewaffneten oder auch unbewaffneten Aufstand verursachte. Deshalb hatte das Jerusalemer Synhedrium im Fall Jesu keinen anderen Weg als den in Markus 15,1 beschrittenen: Es mußte Jesus, der auf seinem Messiasanspruch beharrte, dem Präfekten Pilatus übergehen.

Von daher gesehen ist die Frage nach den Verantwortlichen im Prozeß Jesu ein „Pseudoproblem"[232]; jedenfalls läßt sie sich nicht einfach alternativ 'Juden oder Römer' beantworten.

5. Jesu messianisches Bekenntnis vor Pilatus: Markus 15,2

Obwohl die Gerichte der Statthalter und Präfekten als magistrative Einrichtungen des Kaisers mehr Ermessensfreiheit und Spielraum besaßen als die ordentlichen Strafgerichte, die als Geschworenengerichte eine genau geregelte Verfahrensweise einhalten mußten[233], so stellte doch wohl der Prozeß Jesu einen Fall *extra ordinem* dar[234]. Der Richter konnte das Urteil fällen, ohne an ein bestimmtes Gesetz gebunden zu sein; maßgebend waren die *mandata* des Kaisers. Auch war gegenüber den *hostes* kein eigentliches Strafverfahren nötig; in ihrem Falle galt das Kriegsrecht, das den Feind dem freien Ermessen des Siegers überließ. Nach Markus 15,3 wurde die formelle Anklage von den Hohenpriestern erhoben; Matthäus fügt noch die Ältesten hinzu (27,12). Nach Lukas 23,2 wurde die Anklage politisch, als *seditio*, formuliert: Jesus hetze das Volk auf, hindere es daran, dem Kaiser die Steuer zu zahlen, und behaupte, er sei der messianische König. Auch bei Markus wird die politische Art der Anklage deutlich, obwohl sie nicht eigens berichtet ist. Sie geht aus der Frage des Pilatus an Jesus hervor: „Bist du der König der Juden?" (vgl. auch 15,9.12 und die Kreuzesinschrift 15,26). In dieser Frage wird der Messiasanspruch Jesu auf römische Weise ausgedrückt; jüdisch wäre die Wendung „Messias Israels"[235]. Ein Verteidiger war nicht da, sodaß Pilatus den Fall aufgrund des in der Anklage vorgebrachten Faktums selbst beurteilen mußte. Nach Markus 15,4f. räumte er dem Angeklagten die Möglichkeit ein, sich zu verteidigen. Aber zu seinem Erstaunen antwortete Jesus nichts, anders als der Apostel Paulus, der in seinem Prozeß vor Festus nach Apostelgeschichte 25,8 sich gegen die schweren Anschuldigungen der Juden erfolgreich gewehrt hat. Vielleicht sollte die Messiasfrage des Pilatus, ähnlich wie die des Hohenpriesters, Jesus die Möglichkeit geben, durch ein „Nein" seine Freilassung zu erreichen; auch während der Christenverfolgung erhielten die Angeklagten die Gelegenheit, ihren Sinn zu ändern. Das Zögern des Präfekten, Jesus sofort zu verurteilen

---

[232] Vgl. S. A. Fusco, a.a.O. S. 9.
[233] W. Kunkel, Prinzipien des römischen Strafverfahrens, in: Symbolae Juridicae et Historicae Martino David Dedicatae I, Leiden 1968, S. 115.
[234] A. N. Sherwin-White, a.a.O. S. 24.
[235] Die Gemeinderegel von Qumran 1 QS 9, 10f.

(Markus 15,9—14), braucht nicht von vornherein unhistorisch zu sein. Einmal waren fälschliche Anklagen, Denunziationen, möglich, zum anderen aber hatte Pilatus für die religiösen Streitigkeiten und Beschwerden der Juden kein Verständnis. Andererseits mußte er sich vor einer Gesandtschaft an den Kaiser fürchten, in der die Juden die zahlreichen Fehler und Übergriffe während seiner Amtsführung vorbringen konnten[236]. Das mag ihn schließlich dazu bewogen haben, Jesus zu verurteilen, seine Geißelung und Kreuzigung anzuordnen (Markus 15,15).

Aber es fragt sich, ob es bei der Verhandlung Jesu vor Pilatus überhaupt zu einem eigentlichen Gerichtsverfahren kam, d. h. alle Vorgänge einer *cognitio* wirklich stattfanden. W. KUNKEL meint, diese sei gar nicht notwendig gewesen[237]. Während nach biblisch-jüdischem Recht niemand aufgrund seines eigenen Geständnisses, sondern nur auf die Aussage von zwei oder drei Zeugen hin zum Tod verurteilt werden konnte, war dies beim römischen Gerichtsverfahren möglich. Jesus war kein *iudicatus*, sondern ein *confessus*, weil er die Frage des Pilatus, ob er der König der Juden sei, mit „Ja" beantwortet hatte (Markus 15,2). Auf ihn traf deshalb der Grundsatz zu: *confessus pro iudicato est*; in diesem Sinne waren auch die christlichen Märtyrer *confessi*. Trifft KUNKELS Auffassung das Richtige, so hätte das Bekenntnis Jesu, das schon im Verhör vor dem Hohenpriester den Ausschlag gab, auch beim römischen Gericht entschieden: Der Entschluß des Menschensohns, sein Leben als ein Lösegeld für die Vielen dahinzugeben (Markus 10,45), wurde auch angesichts der drohenden Kreuzigung nicht rückgängig gemacht und das Bewußtsein, zum Messias berufen zu sein, festgehalten: „Jesus Christus hat vor Pontius Pilatus das gute Bekenntnis abgelegt" (1. Timotheus 6,13).

Nachwort

Nach der Fertigstellung meines Manuskripts erschien die höchst interessante Studie von AUGUST STROBEL, 'Die Stunde der Wahrheit. Untersuchungen zum Strafverfahren gegen Jesus' (WUNT 21, Tübingen 1980), die in wichtigen Punkten mit meiner Darstellung übereinstimmt und sie vor allem in rechtlichen Fragen ergänzt. Auch STROBEL schätzt die historische Zuverlässigkeit der neutestamentlichen Zeugnisse über den Prozeß Jesu hoch ein, obwohl er auf die literarkritische Arbeit an den Evangelien nicht verzichtet und von ihr manche Ergebnisse übernehmen kann (S. 6—18. 130—131). Aber das theologische Interesse der christlichen Gemeinden und die literarischen Bestrebungen der Evangelisten haben den historischen Verlauf und die rechtlichen Grundlagen des Strafverfahrens gegen Jesus keineswegs so verdunkelt oder verfälscht, daß dieser Prozeß für den historisch interessierten Exegeten gleichsam zu einem hoffnungslosen Fall würde. Die markinische Darstellung des Verhörs Jesu im Haus des

---

[236] Vgl. dazu Philo, Legatio ad Cajum § 38: In einem Brief von Herodes Agrippa I. wird Pilatus als ein unbeugsamer und rücksichtsloser Mensch geschildert.
[237] W. KUNKEL, a. a. O. S. 111—133.

Hohenpriesters (14,53–65) ist ebensowenig eine erbauliche christliche Erfindung wie das *privilegium paschale*, die von Pilatus gewährte Wahl des Volkes zwischen Jesus und Barrabas (Markus 15,6–15; S. 118–131). Außerdem bieten Lukas und auch das Johannesevangelium weitere wichtige Einzelheiten zur rechtlichen Situation und zum Ablauf des Strafverfahrens, z.B. Lukas 22,54–71; 23,2–5, wo STROBEL eine Sonderquelle annimmt (S. 17f. 97). Er wendet sich mit ausführlichen Argumenten gegen die von JEAN JUSTER und HANS LIETZMANN aufgestellte These von der uneingeschränkten Vollmacht der jüdischen Gerichte und der römischen Verwaltung, die für das Jerusalemer Synhedrium auch die Blutsgerichtbarkeit eingeschlossen hätte (S. 18–45). Das in den Evangelien berichtete Zusammenwirken von jüdischem Synhedrium und römischem Statthaltergericht entspricht somit dem historischen Sachverhalt.

Wichtig für die Verurteilung Jesu durch die Juden waren die Bestimmungen Deuteronomium 13, die ein unnachsichtiges Einschreiten gegen falsche Propheten und Verführer des Volkes geboten; STROBEL verweist zusätzlich auf Deuteronomium 17, ferner auf Matthäus 27,63f.; Johannes 7,11.49; Testament Levi 16,3f.; Justin Dialogus 108; dort wird ausdrücklich von einer Irreführung gesprochen (S. 81–92). Zu den besonderen Maßnahmen des gerichtlichen Vorgehens gegen einen Verführer zählt STROBEL das markinische Motiv der List (14,1): Man darf in solch einem Fall ausnahmsweise einen Hinterhalt legen (Sanhedrin 7,11; S. 85). Ähnlich meint die Wendung „aus Neid" (Markus 15,10) nicht einen niedrigen Beweggrund der Feinde Jesu, sondern den löblichen, juristisch vertretbaren Gesetzeseifer der Juden (S. 99). Desgleichen ist die Verurteilung des Verführers an einem jüdischen Fest nicht etwa illegal, sondern nach Tosefta Sanhedrin 11,7 geradezu geboten, und zwar mit der Begründung durch Deuteronomium 17,12f.: Wer vermessen handelt und einem Priester oder Richter nicht gehorcht, soll vor „allem Volk" hingerichtet werden, damit dieses sich fürchte; diese Bestimmung hat man auf die großen Wallfahrtsfeste, darunter auch das Passahfest, bezogen (S. 84). Freilich hat STROBEL die hermeneutische Schlüsselfunktion von Deuteronomium 13 für die Berichte des Josephus über die messianischen Propheten und auch für die talmudischen Zeugnisse von Jesus nicht aufgezeigt.

Umso ausführlicher wird die Rolle des römischen Gerichts im Prozeß Jesu dargestellt. Der dafür verantwortliche Statthalter Pilatus war keineswegs ein brutaler Gewaltmensch, wie ihn Philo zeichnet, sondern eher eine schwache, kompromißbereite Natur, was man aus seinen von Josephus berichteten Konflikten mit den Juden schließen kann (S. 95–104). Sein Amt als *praefectus Iudaeae* war schwierig, trotz der ihm übertragenen umfassenden rechtlichen Kompetenzen, und gerade auch der Fall Jesu nicht leicht zu behandeln (S. 106–112). Der Versuch, ihn mit Hilfe der jüdischen Passahamnestie in Verbindung mit dem römischen Brauch der *acclamatio populi* zu lösen, mißlang (S. 127–129). So hat Pilatus wider besseres Wissen, aber auch keineswegs als bloßer Vollstrecker des jüdischen Urteils, Jesus formell wegen des *crimen laesae maiestatis* zum Tod am Kreuz verurteilt und diese Strafe vollstreckt. Jesus wurde ein Opfer seines Anspruchs, der Menschensohn zu sein, ferner des religiösen Eifers der Juden und der menschlichen Schwäche des Pilatus; Kaiphas wird von STROBEL als redlicher Mann beurteilt, der freilich „unter den tödlichen Zwängen des Gesetzes" stand, als er den Fall Jesus behandeln mußte (S. 139f.). Es gibt beträchtliche Unterschiede gegenüber meiner Darstellung. STROBEL übernimmt z. B. die johanneische Chronologie, nach der Jesus am Vorabend des Passah, dem 14. Nisan, gekreuzigt wurde (S. 77); dazu war er aufgrund früherer detaillierter Studien zur Chronologie Jesu genötigt. Vor allem aber ist die Auslegung von Markus 14,53—65 nicht frei vom Einfluß der formgeschichtlichen Kritik R. BULTMANNS. Wie dieser nimmt STROBEL einen literarischen Bruch zwischen Tempelwort und Messiasfrage an (V. 59) und spricht von einer „etwas unglücklichen Verarbeitung des alten Traditionsgutes bei Markus" (S. 62—76). So wird auch hier die innere Logik des Verhörs, der schriftgebundene Zusammenhang von Tempelwort und Messiasbekenntnis Jesu, nicht erkannt. STROBEL denkt an eine Kritik des Kultes durch Jesus (S. 64f.). Auch der Vorwurf der Blasphemie wird von ihm anders erklärt: Anstelle einer konsequent messianischen Deutung des Verhörs, in die auch die nachfolgende Verspottung hätte einbezogen werden müssen, begründet STROBEL die Gotteslästerung Jesu mit dem Vorwurf falscher Prophetie (S. 72f.); er ist auch durch eine falsche christologische Unterscheidung zwischen Jesu Menschensohnanspruch und der messianischen Anklage methodisch behindert. Schließlich behauptet er eine grundsätzliche Übereinstimmung der sadduzäischen und der in der Mischna zutage tretenden pharisäischen Rechtsauffassung hinsichtlich der religiösen Grundlagen des Staates (S. 46—51). Dagegen sprechen jedoch die durch die Tempelrolle ans Licht gekommene 'sadduzäische' Deutung von Deuteronomium 21,22f., die von der in der Mischna gegebenen stark abweicht, dann der lange währende Konflikt zwischen beiden Parteien während der Hasmonäerzeit (vor allem unter Alexander Jannäus und Schalome Alexandra), ferner ihre kontroverse Haltung bei der Hinrichtung des Herrenbruders Jakobus und schließlich die Kritik an der sadduzäischen Rechtsauffassung in der Apostelgeschichte des Lukas, bei Josephus und in der Mischna.

Prof. LLOYD GASTON (Vancouver) hat mich freundlicherweise auf die These von ELLIS RIVKIN aufmerkam gemacht, nach der es ein Synhedrium (Sanhedrin) als jüdisches Gericht zur Zeit Jesu gar nicht gegeben haben soll (Beth Din, Boule, Sanhedrin: A Tragedy of Errors, in: Hebrew Union College Annual 46 [1975] S. 181—199).

RIVKIN geht von der Beobachtung aus, daß der Mischnatraktat Sanhedrin die von ihm beschriebenen jüdischen Gerichte in der Regel nicht mit dem Begriff 'Sanhedrin' bezeichnet, sondern viel häufiger 'Beth Din' sagt (S. 189), ferner, daß ein mit Sadduzäern besetztes und von einem Hohenpriester geleitetes Gericht nicht mit einem von der zweifachen, schriftlichen und mündlichen, Tora beherrschten Gerichtshof habe identisch sein können, wie ihn die Mischna voraussetzt; schließlich meine bei Flavius Josephus das Wort 'Synhedrion' einen ad hoc gebildeten Rat, der für eine bestimmte politische Aufgabe habe tätig werden müssen. Zwei Josephusstellen werden ausführlich behandelt, weil in ihnen von der Einberufung eines solchen Gremiums die Rede ist: einmal der uns bekannte Fall der Hinrichtung des Herrnbruders Jakobus, der von einer Gruppe besonders gesetzestreuer Juden beanstandet wurde und zur Absetzung des den Prozeß leitenden Hohenpriesters Ananos führte: Ohne die Genehmigung des von Rom eingesetzten Königs Agrippas II. war die Einberufung dieses Synhedriums illegal (Antiquitates 20,197–203). Nach Antiquitates 20,216–218 fand eine solche Einberufung ein andermal durch den König statt, der durch einen Rechtsakt die Amtstracht der Leviten der priesterlichen angleichen wollte; in diesem Falle war die Aufgabe des an sich korrekt einberufenen Rates nicht im Einklang mit der überkommenen Tradition, d. h. gegen die Tora. RIVKIN gibt aufgrund dieser Stellen folgende Definition von Sanhedrin: „*A council convened by a political or authoritative figure to aid him in implementing his politics*" (p. 185). Aber problematisch ist der nur gestreifte Abschnitt Antiquitates 14,163–184, wonach Herodes vor seiner Einsetzung zum König vor ein Synhedrium in Jerusalem gestellt wurde, jedoch seine Verurteilung durch eine Drohung mit Waffengewalt vereitelte. In diesem Zusammenhang wird nicht von „einem Synhedrium" gesprochen (so fälschlicherweise RIVKIN S. 186), sondern wiederholt und ausschließlich von „dem Synhedrium" (mit bestimmtem Artikel: § 167.168.170.171.175.178. 179.180), wobei auch der Hinweis auf eine Einberufung fehlt. Man gewinnt den Eindruck einer wohl bekannten gerichtlichen Instanz mit festen Mitgliedern (§ 172), die zur Handhabung des Gesetzes eingesetzt waren (§ 173) und auch Kapitalgerichtsbarkeit besaßen.

RIVKIN möchte nun auch im Synhedrium Markus 14,53.55; 15,1–5 ein ad hoc einberufenes Ratsgremium sehen, wobei der Hohepriester Kaiphas anders als später Ananos mit Genehmigung des römischen Präfekten gehandelt hatte. Auch das Synhedrium der Apostelgeschichte (Kap 5; 22) soll mit dem aus Josephus erhobenen Ratsgremium übereinstimmen. Aber überall in der Apostelgeschichte wird der bestimmte Artikel verwendet, keine Einberufung erwähnt und eine bekannte gerichtliche Instanz mit gleichbleibender Besetzung vorausgesetzt; abgesehen hiervon geht es dabei mehr um Glaubensfragen als um politische Probleme. Übersehen hat RIVKIN solche Synhedrium-Stellen wie Matthäus 5,23, 10,17, wo man den Eindruck von Gerichten gewinnt. Vor allem aber werden die Sanhedrin-Aussagen in Mischna Sanhedrin bzw. der Tosefta nicht im Einzelnen vorgeführt. Meines Erachtens vertragen sie sich nicht mit der von RIVKIN gebotenen Definition von Sanhedrin: Was soll ein großer bzw. kleiner Rat, wieso soll der erstere 71 Mitglieder haben (Mischna Sanhedrin 1,6)? Wie soll man den Plural „Synhedrien" verstehen, was sollen die „Synhedrien Israels" sein, warum muß ein solcher Rat wie die Hälfte einer Tenne aussehen (ibid. 1,6;4,2)? Wieso soll überhaupt die Sitzordnung einer dubiosen Größe der grauen Vergangenheit in diesem Traktat der Rabbinen noch Gegenstand ernsthafter Weisung sein? Und nie wird das Problem der Einberufung eines solchen Sanhedrin behandelt, das nach Josephus so wichtig war.

RIVKIN kommt zu dem Schluß, das in der Leidensgeschichte Jesu erwähnte Synhedrium könne nichts mit einem jüdischen Gericht des Beth-Din-Systems zu tun gehabt haben; denn dieses schließe einen präsidierenden Hohepriester und eine Mischung von Sadduzäern und Pharisäern aus. Das trifft für ein Gericht, wie es im Mischnatraktat Sanhedrin vorgesehen ist, sicherlich zu; ob es für die Zeit des Pilatus so gelten kann, ist eine andere Frage.

VIII. Zusammenfassung:
Die Tempelrolle und der Prozess Jesu[1]

1. Die Todesstrafe der Kreuzigung

a) Die Kreuzigung nach dem römischen Recht

Der Prozess und der Tod Jesu werden von jüdischen und christlichen Historikern heftig diskutiert. Eines der größten Probleme dabei ist: Wer war für sein Todesurteil und die Kreuzigung verantwortlich? Weil die Kreuzigung als Todesstrafe weder von der Bibel verlangt noch im rabbinischen Gesetz vorgeschrieben war – die Mischna nennt Verbrennen, Steinigen, Enthaupten, Erdrosseln (Sanhedrin 7,1) –, argumentieren einige Forscher, dass der römische Präfekt Pontius Pilatus Jesus zum Tod am Kreuz verurteilt haben muss. Dass seine Soldaten die Kreuzigung ausführten (Markus 15,16ff) ist offensichtlich und von allen Evangelien bestätigt.

Die Römer machten reichlich Gebrauch von der Kreuzigung, besonders wenn Sklaven oder Fremde schwere Verbrechen wie gewaltsamen Raub begangen hatten. Dabei konnten mit „Räubern" (*latrones, lēstai*) Wegelagerer oder Piraten gemeint sein, aber in den römischen Provinzen auch rebellierende Sklaven oder Freiheitskämpfer. Römische Bürger wurden normalerweise nicht durch die Kreuzigung hingerichtet, die als grausamste und abscheulichste Todesstrafe (*mors turpissima, taeterrima*) galt.[2] Es gab allerdings eine Ausnahme, das Verbrechen des Hochverrats (*perduellio*). In der Regel wurde die Kreuzigung dafür eingesetzt, um unruhige römische Provinzen zu befrieden. Dabei kann Judäa im 1. Jahrhundert v. Chr. als eindrucksvolles Beispiel dienen. Flavius Josephus, der jüdische Geschichtsschreiber (37/38 - ca. 100 n.Chr.), berichtet von Massenkreuzigungen unter den römischen Präfekten Varus, Cumanus und Felix sowie auch unter Titus während der Belagerung von Jerusalem. Auch in Alexandrien wurden Juden von der römischen Regierung gekreuzigt. Die beiden „Räuber" (lēstai), die zusammen mit Jesus gekreuzigt wurden (Markus 15,27), waren wahrscheinlich jüdische Freiheitskämpfer.

Wir müssen aber fragen, ob in Judäa die Kreuzigung auf die Römer und ihr Recht beschränkt war. Nach Johannes 19,7 erklären die jüdischen Führer vor Pilatus mit Blick auf Jesus: „Wir haben ein Gesetz und aufgrund dieses Ge-

---

[1] Veröffentlicht unter dem Titel „The Temple Scroll and the Trial of Jesus" (Southwestern Journal of Theology, 30/3, 1988, 4-8). Übersetzung und Aktualisierung der Anmerkungen durch Rainer Riesner.
[2] Vgl. M. HENGEL, Crucifixion in the Ancient World and the Folly of the Message of the Cross, Philadelphia / London 1977.

setzes muss er sterben, weil er sich selbst zum Sohn Gottes gemacht hat" (vgl. Johannes 18,31). Die Todesart Jesu, so dachten sie, müsse die Kreuzigung sein (Johannes 19,15). Auf welche Art von Gesetz haben sie sich dabei bezogen?

b) Die Kreuzigung in der Tempelrolle (11QMiqdasch)

In der Tat erfahren wir durch die Tempelrolle, dass es jüdische Kreise gab, die glaubten, dass die Kreuzigung im Gesetz des Mose vorgeschrieben sei. Diese Qumran-Rolle, die von Y. Yadin veröffentlicht wurde,[3] enthält eine paraphrasierende Wiedergabe von Deuteronomium 21,22-23:

„Wenn (7) jemand Sein (d. h. Gottes) Volk verleumdet und Sein Volk an ein fremdes Volk verrät und übel handelt an Seinem Volk, (8) dann sollt ihr ihn ans Holz hängen und er soll sterben; auf den Spruch von zwei Zeugen und den Spruch von drei Zeugen hin (9) soll er sterben, und sie sollen ihn an das Holz hängen. Wenn durch einen Mann ein todeswürdiges Verbrechen begangen wird und er flieht (10) in die Mitte der Heiden und verflucht Sein (Gottes) Volk und die Kinder Israel, so sollt ihr auch ihn an das Holz hängen (11) und er soll sterben. Aber du sollst seinen Leichnam nicht über Nacht am Holz hängen lassen, sondern ihn unbedingt am gleichen Tag begraben. (12) Denn von Gott und Menschen verflucht sind diejenigen, die am Holz hängen ‚und du sollst das Land nicht verunreinigen, das Ich (13) dir als Erbteil gebe'" (11QMiqdasch 64,6-13).[4]

Dieser Abschnitt macht klar, dass der mosaische Text als Gebot verstanden wurde, Verbrecher wegen desselben Grundes wie im römischen Recht durch Kreuzigung hinzurichten, nämlich um das Vergehen des Hochverrats zu bestrafen. Das können wir sehen, wenn wir die Version der Tempelrolle mit dem ursprünglichen Text von Deuteronomium 21,22-23 vergleichen. Der mosaische Text gebietet, dass ein Verbrecher, der an einem Holz aufgehängt wurde, am Tag der Hinrichtung beerdigt wird; der Körper sollte nicht bis zum nächsten Tag am Holz bleiben (21,23). Dabei nahm der Verfasser der Tempelrolle, der reichlichen Gebrauch vom Buch Deuteronomium machte, eine Verschiebung in der Betonung vor. Er ist viel mehr interessiert (a) an der Art der Aufhängung eines Verbrechers, und (b) an der Bestimmung des Verbrechens, das auf diese Weise bestraft werden sollte. Hier wird deutlich, dass Deuteronomium 21,22-23 im Frühjudentum ein heftig diskutierter und kontroverser Text gewesen sein muss.

---

[3] Megillat ha-Miqdasch I-III, Jerusalem 1977; The Temple Scroll I-III, Jerusalem 1983.
[4] Der hebräische Text ist leicht zugänglich in F. GARCÍA MARTÍNEZ / E. J. C. TIGCHELAAR, The Dead Sea Scrolls Study Edition II: 4Q274-11Q31, Leiden 1998, 1286; A. STEUDEL, Die Texte aus Qumran II: Hebräisch / Aramäisch und Deutsch, Darmstadt 2001, 146f.

In der rabbinischen Auslegung wurde Deuteronomium 21,22-23 als Verpflichtung verstanden, einen Verbrecher am Holz aufzuhängen, nachdem er zum Beispiel durch Steinigung hingerichtet worden war. Durch die öffentliche Zurschaustellung des Körpers würden die Menschen gewarnt werden, schwere Verbrechen zu begehen. Diese Deutung von Deuteronomium 21,22-23 nimmt die Reihenfolge der gebotenen Handlungen ernst, nämlich (a) zu Tode bringen, und (b) ans Holz hängen. Aber nach der Tempelrolle ist die Anordnung der beiden Verben umgekehrt: „Ihr sollt ihn an das Holz hängen und er soll sterben" (11QMiqdasch 64,8). Hier wird das Aufhängen zur Art der Hinrichtung; der Verbrecher muss lebendig aufgehängt werden, bis er am Holz stirbt. Das kommt einer Kreuzigung gleich. Dass dies die Bedeutung in der Tempelrolle ist, wird durch die Funktion der Zeugen offensichtlich, die aus Deuteronomium 17,6 in den Text der Tempelrolle eingefügt sind (64,8-9). Nach Deuteronomium 17,7 müssen die Zeugen eines Verbrechens an der Hinrichtung teilnehmen; sie müssen den ersten Stein werfen.

c) Hochverrat als Verbrechen, das durch Kreuzigung bestraft wird

Der Text der Tempelrolle legt fest, welche Art von Verbrechen durch Kreuzigung bestraft werden muss. In Deuteronomium 21,22 ist einfach ein Verbrechen „strafbar durch Tod" erwähnt. Aber die midraschartige Wiedergabe dieses Verses in 11QMiqdasch 64 beginnt: „Wenn ein Mann Sein Volk verleumdet und Sein Volk an ein fremdes Volk ausliefert ..." (64,7). Dann fährt die Rolle mit einem zweiten Fall fort: „Wenn durch einen Mann ein todeswürdiges Verbrechen begangen wird und er flieht in die Mitte der Heiden und verflucht Sein (Gottes) Volk und die Kinder Israel ..." (64,9-10). Das heißt, Hochverrat muss genauso wie im römischen Recht mit der Kreuzigung bestraft werden. Das Verbrechen des Hochverrats ist im Alten Testament nicht erwähnt, muss aber im Frühjudentum in der Zeit, als die Tempelrolle geschrieben wurde, wichtig gewesen sein.

Wir kennen solche Fälle von Kreuzigung in Judäa aus anderen Quellen. Josephus berichtet uns, dass der jüdische König Alexander Jannäus (103-76 v. Chr.) achthundert seiner jüdischen Feinde am Holz aufgehängt hat, weil sie den syrischen König Demetrios Eukairos um Hilfe gegen diesen recht grausamen Herrscher gebeten hatten (Bellum 1,92-97; Antiquitates 13,376-381). Diese Verschwörung scheiterte und der Qumran-Kommentar zum Propheten Nahum spielt auf die Vergeltung von Alexander Jannäus an: Der „Löwe des Zorns" pflegte, „Menschen lebendig aufzuhängen" (4Q Pescher Nahum 1,3-4.8). Es gibt einen anderen eigenartigen Vorfall, von dem die Mischna erzählt (Sanhedrin 6,5). Der berühmte Lehrer Schimeon Ben Schetach, ein Pharisäer, der während der ersten Hälfte des 1. Jahrhunderts v. Chr. lebte, habe in Askalon achtzig Hexen aufgehängt. Mein Freund Martin Hengel hat gezeigt, dass in diesem Bericht eine polemische Verzerrung der Tatsache vorliegt, dass dieser führende Pharisäer nicht Hexen in Askalon, sondern Mitglieder der sadduzäischen Partei und Freunde von Alexander Jannäus hingerichtet hat.[5] Dieser Akt der Vergeltung wurde in Jerusalem durchgeführt.

In allen diesen Fällen muss der Text Deuteromium 21,22-23 so verstanden worden sein, wie ihn die Tempelrolle wiedergibt. Ich glaube sogar, dass der Tatbestand des Hochverrats aus diesem mosaischen Text abgeleitet wurde. Die Quelle dafür war der eigenartige und mehrdeutige Ausdruck *qilelath elohim* (Deuteromium 21,23). Er kann wiedergegeben werden mit „Fluch Gottes", „von Gott verflucht" oder „Fluch gegen Gott", um eine Lästerung gegen ihn zu äußern. Der Verfasser der Tempelrolle glaubte, dass die Auslieferung des Volkes Gottes an ein fremdes Volk oder die Verfluchung seines Volkes (64,7.9) bedeutete, Gott zu verfluchen und das Verbrechen der Lästerung zu begehen. Die Mischna scheint ebenfalls den Ausdruck *qilelath elohim* auf diese Weise verstanden zu haben, denn sie schreibt vor, dass ein Lästerer am Holz aufgehängt werden muss (Sanhedrin 6,6).

2. Die Tempelrolle (11QMiqdasch 64,6-13) und der Prozess Jesu

a) Johannes 19,10: Die Funktion des jüdischen Hohen Rats (Sanhedrin) zur Zeit Jesu

Die Tatsache, dass man im Frühjudentum die Kreuzigung als Todesstrafe in Deuteromium 21,22-23 finden und deshalb als göttliches Gebot ansehen konnte, ist wichtig für eine nochmalige Bewertung des Prozesses und der Kreuzigung Jesu. Erstens gilt, dass man nicht länger behaupten kann, dass diese Todesstrafe nur von den Römern angewandt wurde und dass die Kreuzigung Jesu als solche gegen eine jüdische Beteiligung an seinem Prozess spricht. Wir müssen zugestehen, dass die Juden unter der römischen Verwaltung nicht das *ius gladii* hatten; das Recht, die Todesstrafe zu verhängen, war dem römischen Präfekten vorbehalten (Josephus, Bellum 2,117; Antiquitates 18,2; Johannes 19,10). Allerdings wurden in den römischen Provinzen die lokalen Gerichtshöfe intakt gelassen und dazu gebraucht, dem Präfekten zu helfen. Beim Prozess gegen Jesus dürfte der Sanhedrin von Jerusalem eine Art von *consilium iudicum*, ein Gremium von Ratgebern, gebildet haben, das eine Untersuchung (*investigatio*) durchführte und die Anklage (*accusatio*) für das Gericht des Präfekten vorbereitete. Deshalb sollten das nächtliche Verhör Jesu, das durch eine Kommission des Sanhedrin unter dem Hohenpriester durchgeführt wurde (Markus 14,53-65), und die Morgensitzung dieses jüdischen Gerichtshofs (Markus 15,1) nicht als unhistorische Fiktionen der christlichen

---

[5] Rabbinische Legende und frühpharisäische Geschichte. Simon b. Schetach und die achtzig Hexen von Askalon (AHAW.PH 1984/2), Heidelberg 1984.

Gemeinde behandelt werden. Sie stimmen mit der rechtlichen Situation in einer römischen Provinz dieser Zeit überein.

b) Markus 14,64: Die gegen Jesus erhobene Anklage der „Lästerung"

Für unsere These ist es von höchster Bedeutung, dass die jüdischen Richter Jesus für schuldig befanden, eine „Lästerung" geäußert zu haben (Markus 14,64). Die Tempelrolle hilft uns, diese Anklage und ihr volles Gewicht im Prozess gegen Jesus zu verstehen. Zu dieser Zeit wurden die Mitglieder des Sanhedrin und die führenden Priester in Jerusalem von den Römern für die Aufrechterhaltung von Gesetz und Ordnung in Judäa verantwortlich gemacht. Der Sanhedrin wurde vom Hohenpriester geleitet, der den Grundsätzen des sadduzäischen Gesetzesverständnisses folgte. Im Blick auf die Kreuzigung haben die Sadduzäer höchstwahrscheinlich Deuteromium 21,22-23 auf ähnliche Weise interpretiert, wie es der Verfasser der Tempelrolle tat; das bedeutete, dass Kreuzigung als eine vom mosaischen Gesetz vorgeschriebene Todesstrafe galt. Zwei Probleme der Passionsgeschichte werden von der Tempelrolle erhellt, (a) die gegen Jesus vom Hohenpriester erhobene Anklage, er habe eine „Lästerung" geäußert (Markus 14,64), und (b) die Forderung von Juden, dass Jesus gekreuzigt werden solle (Markus 15,13).

Als Jesus während des nächtlichen Verhörs vor einigen Mitgliedern des Sanhedrin bekannte, dass er der Messias und Sohn Gottes sei (Markus 14,62),[6] da kam der Hohepriester sofort zu der Schlussfolgerung, dass dies eine „Lästerung" sei (14,64). Jesus hätte wissen sollen, dass der allmächtige Gott seinen messianischen Sohn nicht aufgeben würde (2. Samuel 7,12-15); die Situation hätte Jesus lehren sollen, dass sein messianischer Anspruch falsch war. Darüber hinaus kann ein Mensch sich nicht selbst zum Messias und Sohn Gottes machen, denn Gott selbst muss das tun (Psalm 2,7; 110,1). Und noch mehr, ein falscher Messias und Sohn Gottes ist des Hochverrats schuldig. Das wird aus dem Wort des Kaiphas über Jesus deutlich: „Wenn wir ihn so lassen, werden alle an ihn glauben, und die Römer werden kommen und uns die heilige Stätte und das Volk nehmen" (Johannes 11,48). Das heißt, ein falscher Messias kann eine Revolte verursachen und schließlich „Sein Volk den Heiden ausliefern" (11QMiqdasch 64,7). Das war der Grund, warum Kaiphas sagte: „Es ist besser für euch, dass ein Mensch für das Volk stirbt, als dass das ganze Volk verdirbt" (Johannes 11,50). Diesem Rat folgend, fällte der jüdische Gerichtshof das Urteil, dass Jesus „des Todes schuldig" (*hayyab mita, mithayyah benaphscho*) sei (Markus 14,64b), was bedeutete, dass Jesus „eine todeswürdige Sünde" (*het*

---

[6] Vgl. O. BETZ, Die Frage nach dem messianischen Bewusstsein Jesu, in: Jesus, der Messias Israels. Aufsätze zur Biblischen Theologie I (WUNT I/42), Tübingen 1987, 140-168; Was wissen wir von Jesus?, Wuppertal ³1999, 39-108.

mischpat mawet) begangen hatte (Deuteronomium 21,22). Für die Verbrechen der Lästerung und des Hochverrats musste die Todesstrafe der Kreuzigung verhängt werden. Obwohl der Sanhedrin kein Recht zum Vollzug der Todesstrafe hatte, konnten seine Mitglieder vom römischen Präfekten das Urteil „Tod durch Kreuzigung" (*ibis ad crucem!*) erwarten, wenn Jesus an ihn ausgeliefert würde (Markus 15,1).

Nach Johannes 19,7 erklärten die jüdischen Führer vor Pilatus: „Wir haben ein Gesetz und nach diesem Gesetz muss er sterben, denn er hat sich selbst zum Sohn Gottes gemacht." Mit „diesem Gesetz" müssen sie Deuteronomium 21,22-23 in jenem Verständnis gemeint haben, wie wir es in der Tempelrolle finden (11QMiqdasch 64,6-13). Deshalb musste Jesus durch Kreuzigung sterben (Johannes 19,15), indem er „lebend an das Holz gehängt" wurde, denn sein falscher Anspruch, der Sohn Gottes zu sein, war sowohl eine Lästerung wie auch Hochverrat.

c) Lästerung und Schuldbekenntnis auf dem Hügel Golgatha

Wir finden in den Evangelien ebenfalls eine passivische Auffassung des Ausdrucks *qilelath elohim* (Deuteronomium 21,23), der in der Tempelrolle als *meqolele elohim wa-anaschim* „verflucht von Gott und Menschen" wiedergegeben wird (11QMiqdasch 64,12). Entsprechendes ereignete sich auf dem Hügel Golgatha. Markus erzählt uns, dass Vorübergehende, die Hohepriester und die Schriftgelehrten, den gekreuzigten Jesus verspotteten. Die Evangelisten sahen in dieser Verspottung einen Akt der „Lästerung" (Markus 15,29). Nach der Tempelrolle ist das Verfluchen des Volkes Gottes eine Lästerung (64,10), nach den Evangelien war das Verspotten und Verfluchen Jesu eine „Lästerung", weil er wirklich der „Sohn Gottes" (Markus 15,39), der „König der Juden" (15,26), der „Messias Israels" (15,32) war.

Ich glaube, dass wir auch diese Szene auf dem Hügel Golgatha von einem jüdischen Blickwinkel aus verstehen müssen. Die Hohepriester und Schriftgelehrten, die nach Golgatha gekommen waren, waren Mitglieder des Sanhedrin, der Jesus des Todes für schuldig befunden hatte. Mit ihren an den Gekreuzigten gerichteten Worten wiederholen sie die Anklagen gegen Jesus: „Du, der du den Tempel zerstören wolltest ..." (Markus 15,29; vgl. 14,58), „... er, der Christus, der König Israels" (Markus 15,32; vgl. 14,60-62). Die Absicht dieser jüdischen Führer dürfte in erster Linie gewesen sein, Jesus zu veranlassen, seine Schuld einzugestehen und seine Sünden in der Stunde des Todes zu bekennen, nachdem sein Irrtum und die Falschheit seines messianischen Anspruches für jeden offensichtlich geworden waren. Nach dem jüdischen Recht in der Mischna sollte ein zum Tode Verurteilter ein Sündenbekenntnis ablegen, wenn er zur Hinrichtungsstätte geführt wurde: „Sie pflegten zu ihm zu sagen: Lege dein Bekenntnis ab!" (Sanhedrin 6,2). Der Text der Mischna macht deutlich, dass dieses Sündenbekenntnis als überaus wichtig und als ein wesentlicher Teil der Vollstreckung der Todesstrafe galt; das ewige Heil war davon abhängig. Die Mischna sagt weiter: „Das ist die Art aller Hingerichteten, dass sie vorher bekennen; denn jeder, der bekennt, hat Teil an der zukünftigen Welt ..."[7] Und wenn er nicht zu bekennen weiß, spricht man zu ihm: Sprich, mein Tod sei eine Sühne für alle meine Sünden!" (Sanhedrin 6,2; 10,1 und der Bezug zu Jesaja 60,21).

Ich denke, dass die Evangelisten sich der Sorge des Sanhedrin durchaus bewusst waren, dass ein Jude im Angesicht des Todes ein Sündenbekenntnis ablegen sollte. In ihrem Bericht über die Kreuzigung Jesu erscheint Golgatha auf zweifache Weise als ein Ort des Bekenntnisses, nämlich eines Sündenbekenntnisses vor Jesus und eines Glaubensbekenntnisses an den Sohn Gottes. Nach Lukas 23,40-42 bekannte einer der beiden Übeltäter (*kakourgos*), die mit Jesus gekreuzigt worden waren (Lukas 23,32-33), ein schuldiger Mensch zu sein, und er bat Jesus, in seinem Reich an ihn zu denken. Das impliziert ein Bekenntnis des Glaubens an Jesus als den Christus und die Hoffnung, durch das Bekenntnis seiner Schuld Anteil an der kommenden Welt zu erhalten. Andererseits hatte Jesus selbst keine Sünden zu bekennen, sondern er tat das Gegenteil. Nach Lukas 23,24 bat er seinen himmlischen Vater, denen zu vergeben, die ihn kreuzigten, weil sie nicht wussten, was sie taten, und deshalb nicht fähig waren, ein Sündenbekenntnis abzulegen. Sogar noch am Kreuz handelte Jesus als „der gerechte Knecht Gottes, der viele gerecht macht" (Jesaja 53,11) und „für die Sünder bittet" (53,12).[8] Auf ähnliche Weise berichtet Matthäus von der Leben spendenden Kraft des Geistes, den Jesus aufgegeben hatte (Matthäus 27,50.52; vgl. 1. Korinther 15,44-45 und Ezechiel 37).

Abschließend „bekannte" Gott selbst öffentlich, dass Jesus wahrhaftig der Christus und sein eigener Sohn war, denn es ereigneten sich mehrere Zeichen einer Theophanie. Es lag eine Finsternis über der Erde (Markus 15,33) und der Vorhang des Tempels zerriss (15,38). Nach Matthäus 27,51-52 ereignete sich auch ein Erdbeben. Ich glaube, dass diese Zeichen eine ähnliche Bedeutung haben wie die himmlische Stimme (*bath qol*) in den rabbinischen Geschichten des Babylonischen Talmuds über das Martyrium von Rabbi Akiba (b Berachoth 61b) oder Rabbi Chanina Bar Teradyon (b Abodah Zarah 18a). Diese Stimme, die das Urteil Gottes verkündigte, offenbarte die himmlische Belohnung für diese Märtyrer, das heißt, sie waren für die kommende Welt auserwählt. Weder Rabbi Akiba noch Rabbi Teradyon hatten ein Sündenbekenntnis vor ihrem Tod abgelegt. Ihre Jünger hatten sich gewun-

---

[7] Die Hoffnung auf künftige Errettung wurde von der biblischen Erzählung über Achan abgeleitet, von dem auch ein Bekenntnis seiner Schuld berichtet wird (Josua 7,20-21). Josua sagte zu Achan: „Weil du uns betrübt hast, so betrübe dich der Herr an diesem Tag" (7,25). Daraus entstand die Meinung, Gott würde ihn (zwar jetzt, aber) nicht in der kommenden Welt betrüben.

[8] Vgl. O. BETZ, Jesus und Jes 53, in: H. LICHTENBERGER, Geschichte – Tradition – Reflexion. Festschrift für Martin Hengel ... III: Frühes Christentum, Tübingen 1996, 3-19.

dert, warum ihre Meister ein so schreckliches Ende verdienten. Darum musste die himmlische Stimme sprechen.

Auf dem Hügel Golgatha folgte auf das Bekenntnis Gottes das Bekenntnis von Menschen, wobei Heiden die Juden beschämten. Der römische Centurio, der Zeuge war, wie Jesus „seinen Geist aufgab"[9] (Markus 15,39), bekannte, „dass dieser Mensch wahrhaftig Gottes Sohn war". Im Johannes-Evangelium erscheint sogar Pilatus in der Rolle eines Zeugen für Christus, allerdings ohne es zu wissen: Pilatus lehnte es ab, den *titulus*, die Inschrift am Kreuz Jesu, mit seiner juristischen (und zugleich bekenntnishaften) Aussage „der König der Juden" (d. h. der Messias) zu ändern (19,19-22).

d) Christus um unseretwillen verflucht

Auch der Apostel Paulus hat das Kreuz Christi mit dem Abschnitt Deuteronomium 21,22-23 verbunden, den er in Galater 3,13 zitiert hat: „Jeder, der am Holz hängt, sei verflucht!" Mehr als jedes andere Schriftwort muss Deuteronomium 21,22-23 Paulus, den Pharisäer, von der Notwendigkeit überzeugt haben, die Christen zu verfolgen, denn der Glaube an einen gekreuzigten Messias war nicht bloß ein gefährlicher Irrglaube; er war sogar eine „Lästerung".

Die Erscheinung des auferstandenen und erhöhten Herrn auf dem Weg nach Damaskus führte Paulus zu einem neuen Verständnis von Jesus und seinem Kreuz. Von jetzt an sah er nicht mehr „in einer menschlichen Weise" (*kata sarka*) auf ihn (2. Korinther 5,16).[10] Im Licht auf der Straße nach Damaskus erschien Jesus als der Sohn Gottes trotz seiner Kreuzigung. Paulus musste seine Überzeugung ändern, so wie es die prophetischen Zeugen des Knechtes Gottes hatten tun müssen. Auch sie hatten auf den „leidenden Gottesknecht" auf eine „menschliche Weise" geblickt: „Wir hielten ihn für einen, der von Gott (für die eigenen Sünden) zerschlagen (zerteilt) wurde" (Jesaja 53,3-4). Paulus musste von nun an den Abschnitt Deuteronomium 21,22-23 in einem neuen soteriologischen Sinn verstehen. Dabei hat er diesen Text nicht einfach für ungültig erklärt, denn er hat niemals die Gültigkeit der Torah bestritten. Aber Paulus entdeckte nun, dass Christus für uns gelitten hatte, als er der statt uns Verfluchte wurde. Am Kreuz hat er uns vom „Fluch des Gesetzes" erlöst, indem er selbst der von Gott an unserer Stelle

---

[9] Der Ausdruck *houtōs exepneusen* (Markus 15,39) muss mit Rabbi Akibas letztem Atemzug verglichen werden, als er während seines Martyriums das Sch'ma rezitierte und gerade das Wort *nephesch* „Seele" aussprach (b Berachoth 61b). Da verstand er, was es heißt, „Gott mit seiner ganzen Seele zu lieben" (Deuteronomium 6,5), auch wenn man seine Seele aufgeben muss.

[10] Vgl. O. BETZ, Fleischliche und „geistliche" Christuserkenntnis nach 2. Korinther 5,16, in: Jesus der Herr der Kirche. Aufsätze zur biblischen Theologie II (WUNT I/52), Tübingen 1990, 114-128.

verfluchte Mensch wurde, so dass durch ihn „der Segen Abrahams über die Heiden käme" (Galater 3,14). Paulus konnte in 2. Korinther 5,21 sagen: „Um unseretwillen hat er ihn, der von keiner Sünde wusste, zur Sünde gemacht, so dass wir in ihm die Gerechtigkeit Gottes würden" (vgl. Jesaja 53,10-11; Deuteronomium 21,22-23). Ich glaube, dass Paulus Jesaja 53,5 mit Deuteronomium 21,23 verbunden hat.[11] Nach Jesaja 53,5 wurde der Knecht Gottes „für unsere Übertretungen zerschlagen". Paulus könnte das Wort *meholal* „zerschlagen" auch als *meqolal* „verflucht" gelesen haben. Am Kreuz wurde Jesus für unsere Übertretungen zerschlagen und verflucht. Diese exegetische Kombination kann den Ausdruck *epikataratos* „verflucht" in Galater 3,13 erklären (der Masoretische Text hat *qilelath elohim*). Auch die Tempelrolle benutzt das Partizip *meqolal* „verflucht" (11QMiqdasch 64,12). Solch eine Freiheit der Interpretation zeigt sich vor allem im Targum Jonathan zu Jesaja 53,5, wo *meholal* nicht als „zerschlagen" wiedergeben wird, sondern von der „Entweihung" des Tempels die Rede ist. Das Verb *hillel* kann auch „entweihen" bedeuten.

3. Die Bestattung des Leichnams Jesu

Der Hauptpunkt in Deuteronomium 21,22-23 ist das Gebot des Verses 23, den aufgehängten Verbrecher noch am selben Tag zu bestatten: „Sein Körper soll nicht über Nacht am Holz bleiben", denn sonst wird das Land, das Gott Israel als Erbe geben will, verunreinigt.[12] Im Text von 11QMiqdasch 64 wird dieser Teil von Deuteronomium 21,22-23 ohne jeden Kommentar wiedergegeben (64,11-13). Das heißt, dass die Bestattung des Körpers des Verbrechers dem Verfasser der Tempelrolle keinerlei Probleme bereitete. Wichtig und kontrovers waren für ihn die Strafe, einen Menschen an das Holz zu hängen, und die Art des Verbrechens, das eine solche Strafe verdiente.

Der Einfluss von Deuteronomium 21,22-23 auf die Nachfolger Jesu kann aber auch an der Art und Weise gesehen werden, wie das Begräbnis Jesu in den Evangelien geschildert wird. Die Evangelisten betonen, dass der Körper des gekreuzigten Jesus unmittelbar nach seinem Tode abgenommen und bestattet wurde, das heißt, am selben Tag (Markus 15,43-46). Nach dem Johannes-Evangelium bestanden die jüdischen Führer auf einer strikten Einhaltung des Gebotes in Deuteronomium 21,23: Sie wollten verhindern, dass die Leichname an den Kreuzen blieben (vgl. 11QMiqdasch 64,11 „Du sollst seinen Leichnam

---

[11] Vgl. O. Betz, Die Übersetzungen von Jes 53 (LXX, Targum) und die Theologia Crucis des Paulus, ebd., 197-218.
[12] Vgl. O. Betz, Sühne in Qumran, in: J. Ådna / O. Hofius / S. J. Hafemann, Evangelium – Schriftauslegung – Kirche. Festschrift für Peter Stuhlmacher, Göttingen 1997, 44-56.

nicht über Nacht am Holz hängen lassen"), denn es war der „Rüsttag für den großen Sabbat" (Johannes 19,31), das heißt, der erste Tag des Festes der Ungesäuerten Brote (Mazzoth).

Auch die Anhänger Jesu gehorchten Deuteronomium 21,23. Joseph von Arimathia „nahm den Körper Jesu ab" (Johannes 19,38). Er und Nikodemus salbten ihn, banden ihn mit Leinenbinden und bestatteten ihn in einem Gartengrab, „das am Ort war, wo er gekreuzigt wurde" (19,38-42). Aber auch hier veränderte wiederum der Glaube an Jesus als den Christus den normalen Ablauf der Ereignisse. Der „König der Juden" wurde in ein „neues Grab" gelegt (19,41), nachdem er mit einer großen Menge von Aromamitteln gesalbt worden war (19,39-40). Johannes will damit sagen, dass Jesus auf eine königliche Weise bestattet wurde. Und noch mehr: Der Leichnam Jesu verunreinigte nicht das Land (vgl. Deuteronomium 21,23). Ganz im Gegenteil, als einer der Soldaten Jesus mit einem Speer „zerteilte", da „traten gleichzeitig Blut und Wasser heraus" (19,34). Wasser und Blut sind die Elemente der beiden Sakramente Taufe und Abendmahl, die uns die Frucht von Jesu Sühntod zueignen. Für Johannes zeigte dieses Ereignis, dass Jesaja 53,5 sich in Christus erfüllte: „Er wurde für unsere Übertretungen zerschlagen."

Anhang 1:
Jerusalem in neutestamentlicher Zeit
(aus: Bargil Pixner, Wege des Messias und Stätten der Urkirche)

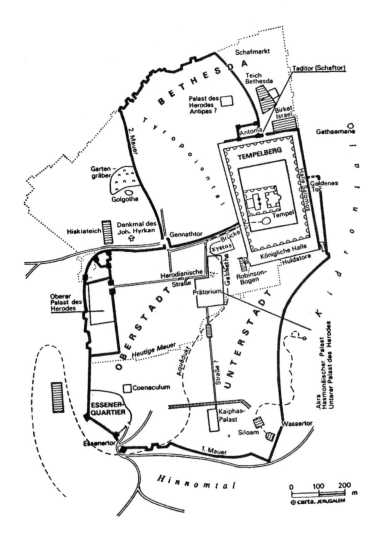

Anhang 2:
Neuere Literatur zum Prozess Jesu (Rainer Riesner)

Die Auswahl berücksichtigt Publikationen, die nach dem Beitrag von Otto Betz (1982) erschienen sind und historische Fragen des Prozesses Jesu behandeln. Dieses Thema wird natürlich auch mehr oder weniger ausführlich in allen Büchern über Jesus erörtert (vgl. die Sammelrezensionen von R. Riesner, Theologische Beiträge 30, 1999, 28-43; 31, 2000, 152-162; 37, 2006, 42-49. 326-333).

Ernst Bammel / Charles F. D. Moule (Hrsg.): Jesus and the Politics of His Day, Cambridge 1984
Zeitgleich mit der Veröffentlichung von Otto Betz zum Prozess Jesu plädierten in diesem Sammelband der Wiener Judaistik-Professor Kurt Schubert für die Historizität des messianischen Selbstbekenntnisses Jesu (Mk 14,61-62) vor dem Hohen Rat (S. 385-402) und der katholische Neutestamentler Gerhard Schneider für eine jüdische Anklage Jesu als Volksverführer nach Dtn 13 (S. 403-414).

Ernst Bammel: The Trial before Pilate, in: Bammel / Moule, Jesus and the Politics of His Day, 415-452
Ders., Die Blutgerichtsbarkeit in der römischen Provinz Judäa vor dem ersten jüdischen Aufstand, in: Judaica. Kleine Schriften 1 (WUNT I/37), Tübingen 1986, 59-72
Der mittlerweile verstorbene Professor für Judaistik in Cambridge stand in der modernen Diskussion mit seiner im englischen Aufsatz (wenn auch vorsichtig geäußerten) Ansicht allein, das jüdische Synhedrium habe ein Todesurteil gegen Jesus nicht nur ausgesprochen, sondern nach einer rein formalen Bestätigung durch Pilatus auch vollstreckt. In gewisser Spannung dazu vertritt der deutsche Artikel die Richtigkeit von Joh 18,31, wonach dem Hohen Rat „die in der eigenverantwortlichen Hinrichtung sich ausdrückende volle Blutgerichtsbarkeit nicht zukam" (S. 72).

Darrell L. Bock: Blasphemy and Exaltation in Judaism and the Final Examination of Jesus (WUNT II/106), Tübingen 1998
Der amerikanische evangelikale Exeget knüpft an die Rekonstruktion an, die Otto Betz vom jüdischen Prozess gegen Jesus vorgelegt hat. Unter breiter Berücksichtigung der frühjüdischen Literatur wird der gegen Jesus erhobene Vorwurf der „Lästerung" (Mk 14,64) weiter geklärt.

Willibald Bösen: Der letzte Tag des Jesus von Nazaret. Was wirklich geschah, Freiburg 3. Aufl. 1995
Der katholische Neutestamentler und Religionspädagoge hat die umfassendste, allgemein verständliche Darstellung der historischen und theologischen Aspekte der Passion Jesu vorgelegt. Obwohl Bösen mit keinem ordnungsgemäßen jüdischen Prozess rechnet, war für ihn der Hauptgrund der Auslieferung an und der Verurteilung durch Pilatus „Jesu hoheitlicher Anspruch" (S. 196). Ausführlich und fair werden auch andere Positionen referiert.

Helen K. Bond: Caiaphas. Friend of Rome and Judge of Jesus?, Louisville / London 2004
Dies., Pontius Pilate in history and interpretation (SNTSMS 100), Cambridge 1998
Die englische Historikerin rechnet nicht mit einem jüdischen Prozess und schreibt auch die Anklage wegen eines messianischen Anspruches Jesu erst der urchristlichen Theologie zu. Die Arbeit von Otto Betz ist nicht die einzige wichtige Publikation, die Frau Bond unberücksichtigt gelassen hat. Anders als der amerikanische Althistoriker P. L. Maier (Pilatus, Wuppertal 1982) hält sie das Pilatus-Bild der Evangelien für stark durch christliche Apologetik geprägt.

François Bovon: Les dernières jours de Jésus. Textes et événements (Essais bibliques 34), Genf 2. Aufl. 2004
Es handelt sich um die überarbeitete Fassung eines älteren Werks (1979), das sich eher auf die theologische Bedeutsamkeit des Passionsgeschehens konzentriert.

Raymond Brown: The Death of the Messiah. A Commentary on the Passion Narratives in the Four Gospels I/II, New York 1994
Ders., Der gekreuzigte Messias, Würzburg 1998
Mit den beiden englischsprachigen Bänden hat der verstorbene Nestor der katholischen Bibelwissenschaft in den USA die nach Josef Blinzler (Der Prozeß Jesu, [4]1969) umfassendste Behandlung der Thematik vorgelegt. Alle chronologischen, topographischen, rechtshistorischen, religionsgeschichtlichen, literarkritischen und theologischen Probleme werden unter Verarbeitung nahezu der ganzen bis dahin erschienenen Literatur erörtert. Die eigenen Urteile des Verfassers bleiben oft sehr zurückhaltend. Er neigt dazu, dass Markus im jüdischen Verfahren den Todesbeschluss (wegen Tempelkritik) einer früheren Synhedriums-Sitzung mit dem Verhör vor der Auslieferung Jesu (wegen seines messianischen Anspruches) an Pilatus vermischt habe. Die johanneische Darstellung sei wesentlich durch die Verfolgung der Judenchristen am Ende des 1. Jahrhunderts geprägt. Die deutsche Veröffentlichung fasst den Standpunkt von Brown zusammen.

Christian Chmelensky: Jesus von Nazareth: Der Prozess. Die Botschaft des Wanderpredigers und das Urteil Roms, Berlin 2005
Nach dem Verfasser hat „die evangeliare [sic] Anklage, das Messiasbekenntnis, keine historische Grundlage. Sie [sic] entspringt einem theologisch-ideologischen Programm" (S. 38). Die Arbeit von D. L. Bock wird zwar im Literaturverzeichnis genannt, aber eine Auseinandersetzung mit ihr unterbleibt. Otto Betz wird überhaupt nicht erwähnt, der Stadtplan des neutestamentlichen Jerusalem ist hoffnungslos veraltet. Als Grund für das Vorgehen gegen Jesus gilt, ähnlich wie bei W. Reinbold (siehe unten), die Tempelkritik.

Chaim Cohn: Der Prozeß und Tod Jesu aus jüdischer Sicht (Insel Taschenbuch 2730), Frankfurt / Leipzig 2001
Bei dieser mit einem Nachwort von Christian Wiese (S. 503-524) versehenen Ausgabe handelt es sich um die Übersetzung eines 1970 in den USA erschienenen Buches, dem 1967 eine kürzere neuhebräische Fassung vorausging. Der Autor war Richter am höchsten Gericht des Staates Israel. Er rechnete zwar mit einer Versammlung des Hohen Rates, schrieb ihr aber die Absicht zu, Jesus vor der Verurteilung durch die Römer zu bewahren. Kritisch setzte sich mit dieser Ansicht der jüdische Forscher D. Flusser auseinander (siehe unten).

John D. Crossan: Wer tötete Jesus? Die Ursprünge des christlichen Antisemitismus in den Evangelien, München 1999
Die Passionsberichte sind nach Crossan, der in den Vereinigten Staaten Religionswissenschaft lehrt, aufgrund ihrer durchweg antijüdischen Tendenz historisch völlig wertlos. Seine Rekonstruktion der Quellen hinter unseren Evangelien ist derart spekulativ, dass man von einer „wunderlichen Quellenvermehrung" sprechen muss (dazu kritisch R. Riesner, Theologische Beiträge 31, 2000, 155-157).

Alexander Demandt: Hände in Unschuld. Pontius Pilatus in der Geschichte, Köln 1999
Der Berliner Althistoriker nimmt auch ein jüdisch-religionsgesetzliches Verfahren an. Ansonsten sieht er die evangelischen Quellen aber recht skeptisch und bestätigt so nicht das Vorurteil, Historiker würden in der Regel positiver urteilen als Theologen. Demandt sind einige wichtige Veröffentlichungen und Sachverhalte entgangen.

Peter Egger: „Crucifixus sub Pontio Pilato". Das „crimen" Jesu von Nazareth im Spannungsfeld römischer und jüdischer Verwaltungs- und Rechtsstrukturen (NTA NF 32), Münster 1997
Ausführlich wird vor allem aufgrund von Flavius Josephus die rechtliche Stellung von Judäa unter römischer Herrschaft dargestellt. Zum Vorgehen der jüdischen Behörde gegen Jesus gibt es längere Referate verschiedener Forschungsmeinungen, auch die Position von Otto Betz erfährt eine relativ eingehende, allerdings kritische Würdigung (S. 169-175). Der katholische Verfasser glaubt, man sei wegen der allgemeinen Annahme „prophetisch-apokalyptischer Umtriebe" gegen Jesus eingeschritten, „ein konkretes Ereignis im Leben Jesu als ausschlaggebende ‚causa poenae' anzugeben" (S. 211), sei nicht mehr möglich.

David Flusser: Die letzten Tage Jesu in Jerusalem. Das Passionsgeschehen aus jüdischer Sicht. Bericht über neueste Forschungsergebnisse, Stuttgart 1982
Ders., Jesu Prozeß und Tod, in: Entdeckungen im Neuen Testament I: Jesusworte und ihre Überlieferung, Neukirchen/Vluyn 1987, 130-163
Der berühmte jüdische Forscher hielt die bei Lukas erhaltene Passionsgeschichte für am ursprünglichsten, während Markus und Matthäus diese Tradition antijüdisch überarbeitet hätten. Es gab für Flusser keinen religionsgesetzlichen Prozess. Jesus sei wegen seines messianischen Anspruches von Mitgliedern der hohepriesterlichen Partei nur verhaftet und verhört und dann an Pilatus ausgeliefert worden. Der Artikel fasst Flussers Sicht zusammen, wobei er sich kritisch mit der Rekonstruktion von C. Cohn (siehe oben) auseinandersetzt.

Weddig Fricke: Standrechtlich gekreuzigt. Person und Prozeß des Jesus aus Galiläa, Frankfurt 3. Aufl. 1987
Ders., Der Fall Jesus. Eine juristische Beweisführung, Hamburg 1995
Das frühere Buch des Juristen, das sich entschieden gegen eine jüdische Beteiligung am Prozess Jesu ausspricht, fand seinerzeit in den Medien große Aufmerksamkeit und beeinflusst bis heute untergründig die öffentliche Meinung. Daran konnte auch nichts ändern, dass diese Publikation nur nachlässig recherchiert war. Die spätere Veröffentlichung brachte keine wesentlichen Verbesserungen. Eine Kritik findet man u. a. bei einem anderen Juristen, G. Otte (siehe unten).

Klaus Haacker: Wer war schuld am Tode Jesu?, Theologische Beiträge 25 (1994) 23-36
Der Aufsatz des evangelischen Exegeten bietet eine gedrängte, aber inhaltsreiche Darstellung von Fragen der Passionsgeschichte und Antworten der neueren Forschung. Besonders wird auf die Vernachlässigung römischer Rechtsverhältnisse hingewiesen, welche die Rolle des Pilatus in den Evangelien durchaus verständlich machen können.

Martin Hengel / Anna Maria Schwemer: Der messianische Anspruch Jesu und die Anfänge der Christologie. Vier Studien (WUNT I/138), Tübingen 2001
Der weltweit geachtete evangelische Neutestamentler und Judentums-Forscher M. Hengel verteidigt mit philologisch-historischer Akribie die Auskunft der Evangelien, dass Jesus selbst einen messianischen Anspruch gestellt hat. Seine Schülerin A. M. Schwemer nimmt den markinischen Passionsbericht gegen den Vorwurf des Antijudaismus in Schutz: „Dem jüdisch-christlichen Gespräch heute dient man nicht, indem man klare Quellenaussagen aus einem gewissen, z. Zt. modischen Gegenwartsinteresse heraus verdreht ..." (S. 163).

Ernst Heusler: Kapitalprozesse im lukanischen Doppelwerk. Die Verfahren gegen Jesus und Paulus in exegetischer und rechtshistorischer Analyse (NTA NF 38), Münster 2000
Der katholische Exeget rechnet nicht mit einer lukanischen Sonderüberlieferung in der Passionsgeschichte, sondern schreibt die Abweichung im Lukas-Evangelium dessen Tendez zu, den Prozess Jesu an die ihm zu seiner Zeit bekannten römischen Rechtverhältnisse anzugleichen.

Richard A. Horsley: The Death of Jesus, in: Bruce Chilton / Craig A. Evans, Studying the Historical Jesus (NTTS 14), Leiden 1994, 395-422
Ein bis zum Erscheinungsdatum reichender Literaturüberblick, der vor allem englischsprachige Veröffentlichungen zum Prozess Jesu berücksichtigt.

Karl Kertelge (Hrsg.), Der Prozeß gegen Jesus. Historische Rückfrage und theologische Deutung (QD 112), Freiburg 1988
Zwei der Aufsätze in diesem von katholischen Forschern verantworteten Sammelband beschäftigen sich ausführlicher mit den historischen Fragen. Joachim Gnilka nimmt an, dass vom Synhedrium nach Art einer, im römischen Recht vorgesehenen *anakrisis* (so schon Paul Mikat, Biblische Zeitschrift 6, 1962, 300-307), nur Material für den Prozess gegen Jesus gesammelt wurde (S. 11-40). Karlheinz Müller rechnet dagegen mit einer von den Römern zugestandenen, aber auf den Tempel beschränkten Kapitalgerichtsbarkeit des Hohen Rates (S. 41-83). Anders als A. Strobel (Die Stunde der Wahrheit, Tübingen 1980) und D. Flusser (siehe oben) lehnen Walter Radl (S. 131-147) und Gerhard Schneider (S. 111-130) eine lukanische Sonderquelle innerhalb der Passionsgeschichte ab, wobei Schneider auch sein früheres, günstigeres Urteil über die historische Zuverlässigkeit des Evangelisten (siehe oben S. 101) revidiert.

Werner-Georg Kümmel: Jesusforschung seit 1965 VI: Der Prozeß und der Kreuzestod Jesu, Theologische Rundschau 45 (1980) 293-383; 47 (1982) 378-383
Die Artikel bieten für den angegebenen Zeitraum ausführliche Referate von wissenschaftlichen Büchern und Artikeln, die diese Thematik behandeln.

Pinchas Lapide: Wer war schuld an Jesu Tod? (GTB 1419), Gütersloh 2. Aufl. 1989
Der inzwischen verstorbene, früher über die Medien sehr einflussreiche jüdische Publizist legte eine flüssig geschriebene, aber nicht immer zuverlässige Darstellung vor, die unter anderem die Sicht von C. Cohn (siehe oben) popularisiert.

Simon Légasse: The Trial of Jesus, London 1997
Es handelt sich um die englische Übersetzung eines französischen Originals von 1994, das wesentliche englische und deutsche Literatur nicht heranzieht. Der katholische Bibelwissenschaftler Légasse rechnet nur mit einem Verhör, nicht aber mit einem religionsgesetzlichen Prozess von Seiten des jüdischen Hohen Rats.

Gerhard Lohfink: Der letzte Tag Jesu. Die Ereignisse der Passion, Freiburg 1981
Leider ist dieses Buch, das zu den besten populären Darstellungen auf wissenschaftlicher Grundlage gehört, nicht mehr auf dem Markt. Der frühere Tübinger katholische Neutestamentler Lohfink urteilt: „Wer Jesus das Messiasbekenntnis vor Kajaphas abspricht, macht den Hergang der Passionsereignisse und das Ineinandergreifen der beiden Verfahren [jüdisch und römisch] nicht einsichtig, sondern eher unverständlich" (S. 39).

Eduard Lohse: Die Geschichte des Leidens und Sterbens Jesu Christi, Gütersloh 2. Aufl. 1984
Als Grund für das Vorgehen des Synhedriums sieht der evangelische Neutestamentler und ehemalige Bischof die allgemeine religiöse Feindschaft jüdischer Gruppen wie der Pharisäer und Sadduzäer gegen Jesus. Die synoptischen Berichte über das jüdische Verfahren seien weitgehend theologisch überformt, so dass sich der historische Ablauf kaum noch erkennen lasse.

Paul Mikat: Prozeß Jesu II. Rechtsgeschichtlich, Lexikon für Theologie und Kirche VIII, Freiburg 3. Aufl. 1999, 676-678
Der früher einmal sehr bekannte Politiker erweist sich hier als umfassend orientierter Historiker, der knapp, aber instruktiv die verschiedenen rechtsgeschichtlichen Probleme und Lösungsvorschläge darstellt.

Matti Myllykoski: Die letzten Tage Jesu. Markus, Johannes, ihre Traditionen und die historische Frage I/II (STAT B 256/272), Helsinki 1991/1994
Auf fast rein literarkritischem Weg rekonstruiert der finnische Neutestamentler einen überaus kurzen frühen Passionsbericht, den er für allein historisch hält. Danach sei Jesus zwar von der Tempelpolizei verhaftet, aber vom Synhedrium ohne Verhör und Verhandlung an Pilatus übergeben worden.

Étienne Nodet: Le fils de Dieu. Procès de Jésus et l'évangile (Josèphe et son temps 4), Paris 2002
Der Professor an der École Biblique der Dominikaner in Jerusalem versucht, den Prozess Jesu vor allem von den Werken des jüdischen Historikers Flavius Josephus her zu beleuchten. Manchmal vertritt der Verfasser eine recht extravagante Sicht. Während für Fachleute einzelne originelle Beobachtungen interessant sind, muss das Werk bei Laien eher zur Verwirrung führen.

Gerhard Otte: Neues zum Prozeß gegen Jesus? Die „Schuldfrage" vor dem Hintergrund der christlich-jüdischen Beziehungen, Neue Juristische Wochenschrift 45/1 (1992) 1019-1026
Der Bielefelder Jura-Professor setzt sich kritisch mit den Veröffentlichungen von W. Fricke und P. Lapide (siehe oben) auseinander und kommt zu dem Gesamtergebnis, „daß der Kern dieser Berichte [der Synoptiker] weder aus exegetischer noch aus rechtshistorischer Sicht angreifbar ist" (S. 1019).

Christoph Paulus: Einige Bemerkungen zum Prozeß Jesu bei den Synoptikern, Zeitschrift der Savigny-Stiftung für Rechtsgeschichte 102 (1985) 437-445
Nach dem Juristen C. Paulus schildern Markus und ihm folgend Matthäus den römischen Prozess Jesu als ordnungsgemäßes Verfahren, in dem Pilatus Jesus als Geständigen (*confessus*) verurteilt hat.

Rudolf Pesch: Der Prozeß Jesu geht weiter (Herder Tb. 1507), Freiburg 1988
Der katholische Neutestamentler rechnet mit einem sehr alten (vor 37 n. Chr. schriftlich fixierten), ausführlichen vormarkinischen Passionsbericht. Bei der historischen Rekonstruktion schließt sich Pesch stark an A. Strobel und Otto Betz an.

Bargil Pixner: Wege des Messias und Stätten der Urkirche. Jesus und das Judenchristentum im Licht neuer archäologischer Erkenntnisse (BAZ 2), Gießen 3. Aufl. 1996
Mehrere Kapitel behandeln die Orte der Passion Jesu (Abendmahlssaal, Hohepriesterlicher Palast, Prätorium, Via Dolorosa, Golgatha). Der Benediktiner-Archäologe Pixner vertrat wie E. Ruckstuhl (siehe unten) eine Mehr-Tage-Chronologie der Passion.

Wolfgang Reinbold: Der älteste Bericht über den Tod Jesu. Literarische Analyse und historische Kritik der Passionsdarstellungen der Evangelien (BZNW 69), Göttingen 1994
Ders., *Der Prozess Jesu (Biblisch-theologische Schwerpunkte 28), Göttingen 2006*
Der protestantische Neutestamentler rekonstruiert aus Übereinstimmungen zwischen Markus und Johannes einen kurzen, älteren Passionsbericht, dessen einzelne Teile aber keineswegs zuverlässig sein müssen. „Historische Fakten sind …: Jesus wurde um das Jahr 30, an einem Freitag nahe beim Passafest, auf Anordnung des römischen Präfekten Pontius Pilatus außerhalb der Mauern Jerusalems an einem Ort namens ‚Golgatha' gekreuzigt" (S. 71). Über den Grund der Verurteilung gebe es nur „Vermutungen" wie eine Anklage „wegen einer politischen Angelegenheit, deren Einzelheiten im Dunkeln bleiben" (S. 101). Die nächste Parallele sieht Reinbold im Fall des Jesus Ben Ananias, der zwar auch das Ende des Tempels ansagte, aber eben nicht verurteilt, sondern freigelassen wurde (Bell VI 300-30). Das neuere Buch fasst die wissenschaftliche Untersuchung allgemeinverständlich zusammen.

Hubert Ritt: „Wer war schuld am Tod Jesu?". Zeitgeschichte, Recht und theologische Deutung, Biblische Zeitschrift 31 (1987) 165-175
Innerhalb eines kritischen Referates damaliger Diskussionen plädierte der katholische Exeget auch für ein relativ großes Zutrauen zur johanneischen Passionsdarstellung.

Klaus Rosen: Der Prozeß Jesu und die römische Provinzialverwaltung, in: H. Dickerhof, Festgabe Heinz Hürten, Frankfurt 1988, 121-143
Rom und die Juden im Prozeß Jesu, in: Alexander Demandt: Macht und Recht. Große Prozesse in der Geschichte, München 1990, 39-58
Nach dem Kölner Althistoriker wollte der Hohe Rat aufgrund des messianischen Anspruches Jesu einen politischen Prozess wegen Aufruhrs gegen ihn anstrengen. Pilatus habe die Unhaltbarkeit dieses Vorwurfes durchschaut, Jesus aber angesichts seines beharrlichen Schweigens (Mk 15,4-5) wegen Widerständigkeit (*contumacia*) ohne formelles Gerichtsurteil der Kreuzigung übergeben. Der Beitrag von Otto Betz wird unzutreffend unter die Forschungsberichte eingereiht (Der Prozeß Jesu, S. 122 Anm. 1) und vielleicht auch deshalb unterbleibt eine Auseinandersetzung damit.

Jos Rosenthal: Der Prozess Jesu. 18 Stunden bis zur Hinrichtung, Toposplus Taschenbücher 475, Kevelaer 2003
Bei dieser nach Art einer Reportage geschriebenen Darstellung soll es sich laut Klappentext um „eine minutiöse Analyse der letzten Stunden Jesu in Jerusalem" handeln. Dazu fehlt es allerdings an Klarheit und umfassender Information. Die zahlreichen Zitate, besonders von P. Lapide (siehe oben), werden nicht nachgewiesen.

Eugen Ruckstuhl: Zur Chronologie der Leidensgeschichte Jesu, in: Jesus im Horizont der Evangelien (SBA 3), Stuttgart 1988, 101-184
Der katholische Neutestamentler versuchte, Spuren einer Mehr-Tage-Chronologie der Passion Jesu (Abendmahl Dienstagabend, Synhedriums-Prozess Mittwoch, Pilatus-Prozess Donnerstag, Kreuzigung Freitag), wie sie die Syrische Didaskalia (3. Jh.) und andere altkirchliche Quellen bezeugen, auch in den Evangelien nachzuweisen. Auf diese Weise konnte Ruckstuhl auch viele Sonderelemente der vier Evangelien in einen Gesamtverlauf der Passion integrieren.

Dieter Sänger: „Auf Betreiben der Vornehmsten unseres Volkes" (Iosephus ant. Iud. XVIII 64). Zur Frage einer jüdischen Beteiligung an der Kreuzigung Jesu, in: Ulrich Mell / Ulrich B. Müller: Das Urchristentum in seiner literarischen Geschichte. Festschrift für Jürgen Becker ... (BZNW 100), Göttingen 1999, 1-24
Der evangelische Exeget setzt sich unter besonderer Berücksichtigung des zeitgenössischen jüdischen Geschichtsschreibers Flavius Josephus kritisch mit W. Stegemann (siehe unten) auseinander, der eine jüdische Beteiligung am Verfahren gegen Jesus für unhistorisch hält.

Gerald S. Sloyan: The Crucifixion of Jesus. History, Myth, Faith, Minneapolis 1995
Der katholische Theologe glaubt nicht, dass man die Gründe für die Verurteilung Jesu überhaupt noch sicher erkennen kann, da die Evangelien eine vor allem theologische Darstellung böten. Grund zum Einschreiten der Tempelbehörde und des Pilatus seien vielleicht Jesu Worte und Handlungen gegen den Tempel gewesen.

Wolfgang Stegemann: Gab es eine jüdische Beteiligung an der Kreuzigung Jesu?, Kirche und Israel 13 (1998) 3-24
Der Neutestamentler an der Kirchlichen Hochschule Neuendettelsau sieht die Passions-Darstellung aller Evangelien wie J. D. Crossan (siehe oben) als antijüdische Polemik an und lehnt von daher jegliche jüdische Teilnahme am Vorgehen gegen Jesus ab. Eine Kritik dieser Ansicht findet man vor allem bei D. Sänger und A. M. Schwemer (siehe dort).

Peter Stuhlmacher: Warum mußte Jesus sterben?, in: Jesus von Nazareth – Christus des Glaubens, Stuttgart 1988, 47-64
Ders., Biblische Theologie des Neuen Testaments I: Grundlegung Von Jesus zu Paulus, Göttingen 3. Aufl. 2005, 142-155
Der bekannte evangelische Neutestamentler schließt sich der These von Otto Betz und A. Strobel an, wonach Jesus im jüdischen Gerichtsverfahren aufgrund des Gesetzes in Dtn 13 als Volksverführer und falscher Prophet angeklagt wurde.

Gerd Theißen / Annette Merz: Der historische Jesus. Ein Lehrbuch, Göttingen 3. Aufl. 2001, 387-414
Die Autoren fassen sehr übersichtlich Probleme und Positionen hinsichtlich des Prozesses Jesu zusammen. Sie rechnen mit einem Verhör durch den Hohen Rat und eher mit einem formellen Gerichtsverfahren (*cognitio extra ordinem*) des Pilatus. Als Gründe für das Vorgehen gegen Jesus werden sowohl seine Gesetzes- und Tempelkritik wie die Furcht vor politischer Unruhe angenommen.

Peter J. Tomson: Presumed Guilty. How the Jews Were Blamed for the Death of Jesus, Minneapolis 2005
Der Verfasser versucht, nachzuzeichnen, wie sich aus den Passions-Darstellungen der Evangelien der christliche Anti-Judaismus entwickelt hat.

Geza Vermes: Die Passion. Die wahre Geschichte der letzten Tage Jesu, Darmstadt 2005
Obwohl der berühmte jüdische Qumran-Forscher etwa bei der Darstellung des Pilatus mit einer starken antijüdischen Tendenz bereits der frühen Überlieferung rechnet, nimmt er andererseits mehr geschichtliche Elemente der Passion Jesu an als viele christliche Exegeten. So hält Vermes das Verhör durch Hannas (Joh 18,13) und die Passah-Amnestie, bei der Barabbas an Stelle von Jesus freikam (Mk 15,6-14), für historisch.

Ulrich Wilckens: Theologie des Neuen Testaments I/2: Jesu Tod und Auferstehung und die Entstehung der Kirche aus Juden und Heiden, Neukirchen/Vluyn 2003, 54-123
Nach dem evangelischen Neutestamentler und früheren Bischof hat Markus ein Verhör beim Hohenpriester zu einer Prozessverhandlung umgestaltet, aber das messianische Selbstbekenntnis Jesu ist historisch und war ein wesentlicher Grund seiner Verurteilung als „Volksverführer (Dtn 13,2-6; 17,2-7)" (S. 102).

Autorenregister

Bammel E.	24, 101	Legasse S.	106
Benoit P.	64, 80	Lietzmann H.	56-58, 79, 87
Bock D. L.	101	Linnemann E.	65-67
Bond H. K.	102	Lohfink G.	106
Bösen W.	102	Lohse E.	63, 64, 106
Bovon F.	102		
Brown R.	102	Maier P. L.	102
Bultmann R.	10, 59, 60	Mikat P.	106
		Müller K.	105
Chmelensky C.	103	Myllykoski M.	107
Cohn C.	82, 103		
Crossan J. D.	103	Nodet É.	107
		Norden E.	24
Demandt A.	103		
Dibelius M.	58, 59	Otte G.	107
Egger P.	103	Paulus C.	107
Eisler R.	22	Pesch R.	107
		Pines S.	24
Flusser D.	32, 104	Pixner B.	107
Fricke W.	104		
Fusco S. A.	84	Radl W.	105
		Reinbold W.	108
Gnilka J.	64, 65, 79, 105	Ritt H.	108
Grimm W.	39, 43	Rivkin E.	88, 89
		Rosen K.	108
Haacker K.	104	Rosenthal J.	109
Hahn F.	79	Ruckstuhl E.	109
Harnack A. von	24		
Hengel M.	51, 92, 105	Schneider G.	101, 105
Heusler E.	105	Schubert K.	101
Hirsch E.	66, 79	Schwemer A. M.	105
Horsley R. A.	105	Sloyan G. S.	109
		Stauffer E.	47
Jeremias J.	80	Stegemann W.	109
Juster J.	57, 87	Strobel A.	86, 88
		Stuhlmacher P.	110
Klausner J.	62		
Kuhn H. W.	54	Theißen G.	110
Kümmel W. G.	105	Tomson P. J.	110
Lapide P.	106	Vermes G.	110

Wellhausen J.	56
Wilckens U.	110
Winter P.	9, 60-62, 79
Yadin Y.	48-50

Namen- und Sachregister

Abba 77
Agapius 24
Abendmahl 55, 60
acclamatio populi 87
accusatio 93
Achtzehn-Bitten-Gebet 12, 13, 69
„Ägypter" (Zelot) 29, 36, 55, 84
Agrippa I 44, 72, 86
Agrippa II 34, 42, 72, 89
Albinus 32-34
Alexander Jannäus 47-51, 88, 92, 93
Alkimos (=Jakim) 47
Älteste 37
anakrisis 105
Ananos 34, 41, 43, 89
Antijudaismus 105
Aristobul 37
Augenzeuge 59, 60
Auschwitz 8, 9

Babylonischer Talmud 12, 13
Barabbas 63, 65, 87
Bar Kochba 17, 30, 80, 81
Ben Perachja (Rabbi) 19, 20
Ben Stada 19, 29
Bileam 20, 21, 52
Blasphemie —> s. Lästerung

Caligula 42
Choni 37
Claudius 46, 72
cognitio extra ordinem 84-86, 110
confessus 86, 107
consilium iudicum 84, 93
contumacia 108
Coponius 83
crimen laesae maiestatis 87
Cumanus 90

Cuspius Fadus 28
Cyrenaika 29

David 72
Demetrios Eukarios 47, 48, 92

Eleasar Ben Dama (Rabbi) 18
Eliezer Ben Hyrkanos (Rabbi) 19, 21
Essener 40, 45
Evangelien 12

Falscher Prophet 18, 88
Felix 28, 29, 90
Festus 85
Flavius Josephus 11, 35, 37, 42
Fluch —> s. Gottesfluch
Formgeschichte 11, 58

Gabinius 55
Gamaliel I 26, 27, 43
Garizim 28
Geißelung 86
Gethsemane 36, 55, 59, 75
Givat Ham-Mivtar 47
Golgatha 53, 57, 95, 108
Gottesfluch 52, 54
Gottesherrschaft 36, 40
Gotteslästerung —> s. Lästerung
Götzendienst 49, 51, 79

Hannas I 64
Haus des Hohenpriesters 70
Heilungen 18
Herodes Antipas 31
Herodes d. Gr. 58, 72, 89

NAMEN- UND SACHREGISTER

Herodes v. Chalkis 72
Hochverrat 49, 50, 51, 90, 91, 93, 94, 95
Hoherpriester 38, 40-43, 46, 75, 76, 93, 94
Hoher Rat 34, 36, 55-60, 63, 65, 76, 81, 82, 87-89, 93, 94, 101
hostis 85
Hyrkan I 37
Hyrkan II 37

investigatio 93
ius gladii 83, 84, 93

Jakob v. Kephar Sekhanja 18
Jakobus (Herrenbruder) 30, 34, 84, 88
Jechonja 42
Jesus Ben Ananias 30, 31, 33, 42, 43, 84, 108
Jischmael (Rabbi) 19
Johannes der Täufer 30, 31, 33
Johannes v. Gischala 42
Jonathan der Weber 29, 30
Jordan 28
Jose ben Joezer 47
Joseph von Arimathia 53
Josua 28
Judäa 55, 90, 92, 104
Judas der Galiläer 26
Judas Ischarioth 44, 59
Jünger (Jesu) 36
Justin 16, 20

Kaiphas 38, 39, 41, 43, 45, 64, 68, 87-89, 94, 106
Kajaphas —> siehe Kaiphas
Ketzersegen 12
Kreuzesinschrift 59
Kreuzigung 46, 49-53, 59, 79, 90-93, 95
Kreuzigung Jesu (Datum) 14

Kreuz Jesu 52, 54
Kriegsrecht 85

Lamm Gottes 14
Lästerung 49, 51, 53, 78, 79, 88, 94, 95, 101

Maria (Mutter Jesu) 18
Mehr-Tage-Chronologie 109
Menschensohn 27, 35, 77, 78, 87
Messias (Jesus) 53, 56, 65, 68, 74, 75, 77, 78, 84, 85, 105, 110
Messias 52, 73, 75, 77, 78, 81, 94
Messiasbekenntnis 103, 106
Messiaserwartung (Qumran) 45, 46
Mischna 16

Ölberg 29

Panthera 18
Passahfest 34, 44, 53, 61, 108
Passahlamm 14, 44
Passamahl 44, 55
Paulus 29, 53-55, 61, 78, 85
perduellio 90
Petronius 42
Petrus 44, 55, 57
Pharisäer 34, 36-38, 42, 50, 51, 53, 54, 61, 62, 71, 82, 92, 93
Pharisäisch 47, 79, 88
Pilatus 27, 28, 33, 43, 44, 52, 53, 56, 58, 59, 61, 63-65, 81-87, 90, 95, 101, 102, 104, 107-109
privilegium Paschale 61, 87
Prophet in Samaria 27
Prophet wie Mose 27, 28

Quaderhalle 71
Qumran 45, 46, 49, 73

R̲edaktionsgeschichte 11, 62
Resch Laqisch (Rabbi) 20
Rüsttag des Passahfestes 14

S̲adduzäer 34, 36-43, 46, 51,
  52, 61, 71, 79-82, 88, 93, 94
Salomo 72
Samaritaner 41
Sanhedrin —> s. Hoher Rat
Schalome Alexandra 51, 88
Schimeon Ben Schetach 47, 51, 92
seditio 84, 85
Sikarier 29
Simon ben Schätach —> s.
  Schimeon ben Schetach
Simon von Kyrene 57
Sohn Davids 46
Sohn Gottes 46, 75, 76, 94
Sonnenkalender der Essener 14
Steinigung 13, 16, 20, 37, 58
Stephanus 40, 57, 78
Sueton 47
Sündenbekenntnis 95
Synhedrium —> s. Hoher Rat

T̲agesrechnung 14
Talmud 10
Tempel 39, 72, 73, 109

Tempelpolizei 36, 55, 106
Tempelreinigung 70
Testimonium Flavianum 22, 23
Theophanieformel 76
Theudas 26-28, 35, 55
titulus 84
Titus 90
Traditionsgeschichte 67

U̲lla (Rabbi) 19

V̲arus 90
Vatikanum II 9
Verführer Israels 19, 20, 52
Verspottung (Jesu) 59

W̲eissagungsbeweis 60
Wunder 19, 20, 34, 35

Z̲adokiden 52
Zauberei 18
Zeichen 29, 34, 35
Zeloten 22, 36, 40, 42
Zeugen 79, 92
Zweiter Mose 28

1. Altes Testament

Genesis
37,34	78
50,20	44

Exodus
15,17-18	69

Leviticus
20,27	37, 51

Numeri
23,7	21
23,19	21
24,23	20
25	52

Deuteronomium
12,2-3	29
12,11	29
13,1-12	18, 34, 36, 37, 39, 87
13,2-6	110
13,6	36
13,7	16, 18, 20
13,9-11	15, 16, 18, 26, 86
17,2-7	110
17,6	49, 71, 92
17,7	92
17,12-13	87
18,10-14	18
18,15	28, 29
18,18	29
18,15-22	27, 34
18,20-22	32
18,21f	28, 45
19,15	71
19,19	72
19,21	71
20,22-23	16, 42
21,22	49, 50, ,51 79, 95
21,22-23	37, 43, 47, 48, 51, 52, 54, 79, 88, 91-95
21,23	50, 53, 54, 93, 95

Josua
3,14	28

2. Samuel
7,11-12	69
7,12	75, 77
7,12-15	46, 68, 72, 94
7,13	69, 70, 73, 75
7,14	69, 70, 75-77
7,15	81

2. Könige
18,37	78
19,1	78

Psalmen
2,2	63, 64
2,7	70, 76, 94
103,3	77
110,1	63, 77, 94

Jesaja
11	46
11,3	17, 80, 81
31,8	73
43,3-4	77
43,10	76
50,6	79, 80
52,15	54
53	54, 57
53,1	54
53,3	54
61-62	35

Daniel
2,45	73
7,13	63, 77

Hosea
6,2	73

Amos
9,11	69

2. Apokryphen und Pseudepigraphen

Sapientia Salomonis
2,18   75

Testamentum Levi
16,3f-4   87

3. Qumran-Schriften

Damaskusschrift (CD)
1,3-4	33
5,20	29
9,1	50
12,2	36, 39, 51

Gemeinderegel (1QS)
9,10-11   85

Kriegsrolle (1QM)
11,11-12   73

4QFlorilegium (4QFlor)
1,1-13	68
1,2-5	73
1,6-9	73, 74
1,11-13	53

Kommentar zum Propheten Nahum (4QpNah)
1,3-4	50, 92
1,7-8	47, 92

4Q243 (4QpDanA)   46, 76

Tempelrolle (11QMiqd)
60,1-7	27
61,7	71
64,4-13	91, 93, 95
64,6-9	50
64,6-13	40, 49
64,7	52, 92, 93, 94
64,8	92
64,8-9	92
64,9	93
64,9-10	78, 91
64,10	52, 71, 95
64,12	50, 51, 53, 95

4. Neues Testament

Matthäus
5,3-12	31
5,20	36
5,23	89
6,33	36
10,17	89
11,1-5	35, 70
12,28	35, 70
16,16	73
16,18	73
24,24	18
25,31-46	77
26,61	72
26,63	76
26,68	80
27,12	85
27,40	72
27,63-64	87

Markus
1,1	15
1,11-12	70
1,14-13	74
2,10-11	35, 77
3,4	71
3,21	18, 32
3,22	32
4,35-41	35
6,14-19	31
6,34-51	35
8,11	35
8,27-33	70
9,31	77, 78
10,45	43, 77, 86
11,1-18	70
11,27-33	74

11,47-52	44	15,29	72, 95
12,1-12	74, 77	15,32	95
13,2	33, 74	15,39	95
14,1	37, 44, 59, 87	15,44-45	53
14,2	44		
14,12	44	Lukas	
14,37-41	45	1,32	76
14,43-64	44, 55	1,35	76
14,46	37	2,2	83
14,50	36	3,1	64
14,53-55	89, 71	4,18-19	35, 70
14,53-65	66, 87, 88, 94	7,33	31
14,55	71, 89	9,58	77
14,55-58	66, 70	12,8	77
14,55-64	57-60, 62, 65, 67, 69, 81	13,31-33	31
14,57-59	60, 63, 72	22,54-71	87
14,58	33, 35, 72, 95	22,63-65	81
14,58-62	73	22,66-71	81
14,59-60	70	22,70	78
14,60-62	60, 75, 95	22,71	78
14,60	33, 76	23,1-6	81
14,61	57, 70	23,2	20, 85, 89
14,62	35, 63, 76, 77, 94	23,5	20
14,63-64	78	23,11	80
14,64	37, 52, 79, 81, 95		
14,65	61, 79-81	Johannes	
14,66-72	71	1,19-23	33
15,1	60, 66, 81, 85, 89, 94, 95	2,16	74
15,2	63, 85, 86	2,17	40
15,2-5	65	2,19	63
15,3	85	2,19-21	72, 74
15,4-5	85, 108	3,16	43, 44
15,6-14	110	5,17-18	78
15,9	85	6,14	35
15,9-14	86	7,11	87
15,10	87	7,12	20
15,12	85	7,49	87
15,13	94	10,2	32
15,15	86	10,11-18	40
15,16	79	10,33	78
15,16-20	80	11,47-48	39, 40, 41, 44
15,21	59	11,48	41, 94
15,26	85, 95	11,49-50	38, 39,, 78
15,27	90	11,50	52, 95
15,29-32	53	11,51-52	39, 43
		11,52	43

18,3	61
18,13-23	64
18,13	110
18,23	79
18,24	64
18,28	14, 44
18,31	57, 101
19,5	43
19,7	52, 90, 95
19,10	93
19,10-15	52
19,14	44
19,15	91, 95
19,21	84
19,31	53
19,36	44
19,39	53
20,21-23	36
20,25-27	47
21,15-17	36

Apostelgeschichte

2,30-36	77
2,42	60
5,34-39	26
5,36	28
6-7	57
6,13-14	40, 72
7,48	72
7,56-58	78
12,4	44
17,24	72
19,1-6	31
21,38	29
22,23ff	33
23,4	38
24,5	40
25,8	85

Römerbrief

1,3-4	69
1,16-17	54
15,21	54

1. Korintherbrief

1,23	54
2,9	54
9,1-2	36
11,23-25	55
11,26	55
15,3-4	55

2. Korintherbrief

11,24	33

Galaterbrief

2,1	60
3,10	54
3,13	53, 54, 78
5,11	54

1. Timotheusbrief

6,13	86

Hebräerbrief

1,5	69
9,11	72
9,14	72

Offenbarung

13,11-18	18

5. Apokryphen des Neuen Testaments

Apokryphon des Johannes 17, 21

Thomasevangelium 71, 72

6. Jüdisch - Hellenistische Schriftsteller

Philo
De specialibus legibus
I 315   28

Legatio ad Cajum
38	86

Flavius Josephus
Jüdische Altertümer (Antiquitates)
Buch 4
129-130	52

Buch 13
291-296	37
376-379	50
376-381	48, 92
410	50

Buch 14
22-24	37
163-184	89
283-303	37

Buch 18
1ff.	83
2	25, 83, 93
63-87	24
64	109
85-87	27, 28
90-95	84
116-119	30, 31
117	31
118	31
119	31

Buch 20
15	72
16	72
22	72
97-99	28
167	29
168	29
169-172	28
170-172	29
197-203	89
199	34
200-203	16, 31, 33, 34
216-218	89
302-303	33

Jüdischer Krieg (Bellum Judaicum)
Buch 1
92-97	48, 92

Buch 2
117	25, 83, 93
167	83
201	42
232-233	41
237	41
259-261	29
261-263	28, 29
263	29, 36
346	42
426	71

Buch 3
351-353	32

Buch 4
191	41
192	41
320	41

Buch 5
99	44
144	71
372	42
387	73
405-406	42

Buch 6
97	42
104	42
288	32
300-309	31, 108
303	32
309	42

Buch 7
437-453	29
439-446	83

7. Rabbinische Literatur

Mischna
Middoth
5,4	71

Pesachim
10,8	45

Sukkah
4,5	76

Taanit		*Jerusalemer Talmud*	
2,1	76	Schabbat	
		14,14d	18
Makkot			
1,10	15	Taanit	
		1,65b	21
Sanhedrin			
1,6	89	Sanhedrin	
3,6	71	9,23c	47
4,1	14		
4,2	79, 89	*Babylonischer Talmud*	
4,5	15, 71, 79	Kalla	
5,4	71	18b	19
5,5	71		
6,1	16	Schabbat	
6,2	15, 95, 96	104b	18
6,4	16, 49, 51, 52, 79	116a b	20
6,5	92		
6,6	93	Berakhot	
6,7	51	17b	20
7,1	15, 47, 50, 90		
7,4	16, 18	Gittin	
7,5	78	56b-57a	19
7,6	79		
7,10-11	13	Aboda Zara	
7,11	87	16b-17a	21
7,14	13		
9,7	47	Sanhedrin	
10,1	15	43a	14, 16, 17, 21
10,2	21	60a	78
11,5	78	67a	14, 18
11,7	87	93b	17, 30, 81
		106b	20, 21
Abot		106a-b	52
5,19	21	106a	20
		107b	19, 20
Sotah			
9,15	19	Sota	
		47a	19, 20
Tosephta			
Chullin		Kalla	
2,22-24	18, 21	41d	19
Schabbat		Moed Qatan	
11,15	19	25b (Baraitha)	78

Midraschim
Midrasch Tehillim
11,7 — 47

Qohelet Rabba
1,8 — 21

Echa Rabati
1,3 — 74

Pesiqta Rabbati
100b — 20

Targumim
Sacharja 6,12-13 — 73

Neofiti, Numeri 25,1-5 — 51

8. Griechisch-römische Schriftsteller

Plinius der Jüngere
Epistulae
IV 22 — 84
VI 22 — 84
X 96 — 84

Tacitus
Historiae
4,3,2 — 50

9. Altkirchliche Literatur

Eusebius
Eclogae propheticae
III,10 — 18

Origenes
Contra Celsum
Buch I
28-33 — 18, 19
47 — 25
69 — 18, 19
Buch II
12 — 25

Justin der Märtyrer
Dialog mit Trypho
69 — 20
108 — 87
111,3 — 45

Rainer Riesner

Essener und Urgemeinde in Jerusalem

Neue Funde und Quellen

232 Seiten, Paperback,
mit vielen Abbildungen
Format 13,8 x 20,8 cm

ISBN 13: 978-3-7655-9806-7

Die vor fünfzig Jahren entdeckten Qumranrollen haben bis heute nichts von ihrer Faszination verloren. Inzwischen wissen wir, daß die Essener nicht nur in Qumran am Nordwestufer des Toten Meeres gelebt haben, sondern über das ganze Land verbreitet waren. Mehr noch: Die Frage nach einem Essener-Viertel in Jerusalem, wie es der jüdische Historiker Flavius Josephus mit seiner Erwähnung des „Tores der Essener" voraussetzt, gewinnt zunehmendes Interesse. Dieses Tor wurde in den letzten Jahren auf dem Südwest-Hügel der Jerusalemer Altstadt ausgegraben. Funde besonders gestalteter Ritualbäder und neuerdings auch von Gräbern des Qumran-Typs stützen die Annahme eines Essener-Viertels auf dem Zionsberg. Darüberhinaus weckt die Tatsache höchstes Interesse, daß die älteste Ortsüberlieferung das erste Zentrum der Urgemeinde ebenfalls auf den Zionsberg verlegt. Bestanden Verbindungen zwischen Essenern und Urchristen? Welcher Art können sie gewesen sein? Ein international angesehener Fachmann geht diesen Fragen nach.

BRUNNEN VERLAG GIESSEN
www.brunnen-verlag.de

Rainer Riesner

Bethanien jenseits des Jordan

Topographie und Theologie im Johannes-Evangelium

200 Seiten, Paperback,
mit vielen Abbildungen
Format 13,8 x 20,8 cm

ISBN 13: 978-3-7655-9812-8

Das Johannes-Evangelium nennt eine Wirkungsstätte von Johannes dem Täufer „Bethanien jenseits des Jordan" (Joh. 1,28). Seit früher Zeit wird bei Jericho die Stelle gezeigt, an der Jesus getauft wurde. Neue Ausgrabungen an dem jordanischen Ostufer des Jordan haben diese Ortsüberlieferung in eindrucksvoller Weise bekräftigt. Aber die traditionelle Taufstelle und „Bethanien jenseits des Jordan" sind nicht gleichzusetzen. Schon den Kirchenvater Origenes (185-254 n.Chr.) hat das Rätsel dieses Ortsnamens beschäftigt und nach ihm viele Forscher. Die beste Lösung ist, in „Bethanien jenseits des Jordan" die Landschaft Batanäa zu sehen, die nordöstlich des Sees Genezareth liegt. Am alttestamentlichen Baschan haftete die Erinnerung an große Siege des Volkes Israel. Deshalb erwarteten manche fromme Juden das Auftreten des Messias im Norden. Auch Johannes der Täufer und Jesus haben in der Batanäa gewirkt. So ergeben sich von der Topografie her nicht nur neue Einsichten in die Geschichte der johanneischen Gemeinden, sondern auch zur Entstehung und Theologie des vierten Evangeliums.

BRUNNEN VERLAG GIESSEN
www.brunnen-verlag.de